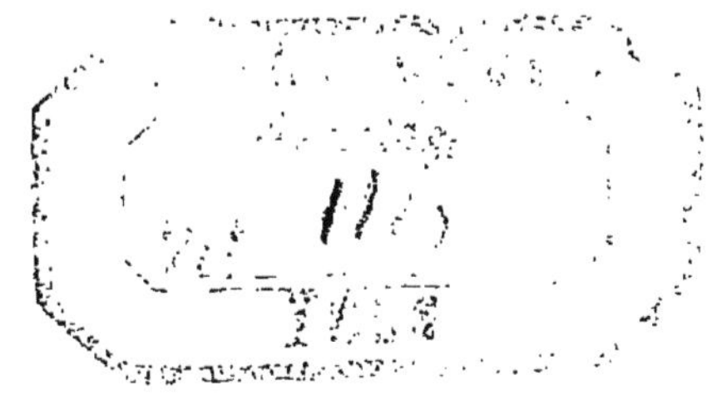

PÈLERINAGE

A

NOTRE-DAME DE TORCÉ

PÈLERINAGE

A

NOTRE-DAME DE TORCÉ

AU DIOCÈSE DU MANS

N. D. B.

LE MANS

GALLIENNE, IMPRIMEUR-LIBRAIRE

RUE BOURGEOISE, 17

1856

IMPRIMATUR :

Cenomani, die 14 junii 1856.

CAROLUS FILLION, VIC.-GEN.

A LA

BIENHEUREUSE VIERGE MARIE

MÈRE DE DIEU.

Je suis un humble pèlerin
Dans les sentiers de cette vie ;
Un frêle bâton à la main,
Je chemine vers ma patrie,
Sans repos la nuit, ni le jour ;
Sainte Madone, je réclame
Une grâce de votre amour :
Ayez pitié de ma pauvre âme !

Hélas! en ce vallon de pleurs,
Mon pied souvent heurte la pierre;
Mon corps souffre bien des douleurs
Parfois mon œil perd sa lumière ;
Mon cœur, sous les coups du démon,
Sent vaciller la sainte flamme :
Vierge, j'invoque votre nom :
Ayez pitié de ma pauvre âme!

Pleurant et priant tour à tour,
J'avance ainsi dans le voyage,
Espérant toucher chaque jour
La fin de mon pèlerinage :
O vrai lis de virginité,
Je vous requiers, très-sainte Dame,
Quand à mourir serai cité,
Ayez pitié de ma pauvre âme !

AUX PÈLERINS

DE

NOTRE-DAME DE TORCÉ.

Peregrini sumus coram te, sicut omnes patres nostri.

Nous sommes des pèlerins devant vous comme l'ont été nos pères.

(I *Paralip.*, XXIX, 15.)

Dans tous les temps l'on a cru que Dieu pouvait se choisir certains lieux privilégiés, où il recevait de préférence les vœux du genre humain, et répondait à ces vœux par des manifestations de sa puissance et de sa bonté. Abraham fut obligé d'aller sur la montagne, pour être béni de la main du Seigneur. Isaac ne put compter sur les promesses divines, avant d'être arrivé à Bersabée. Le Seigneur désigna Bethel pour son temple, et c'est là qu'il voulut prodiguer à Jacob d'immuables promesses. C'est au mont Sinaï qu'il voulut conclure son alliance avec le peuple d'Israël : cette alliance une fois conclue, il fit bâtir, par les mains d'un grand roi, une demeure en quelque sorte digne de lui ; il promit d'exaucer les prières qui lui seraient présentées dans ce temple d'élection.

Les enfants d'Israël n'étaient-ils pas des pèlerins, quittant leur tribu, leur famille et leurs occupations, pour venir adorer Dieu, là où ils espéraient lui offrir un sacrifice et des hommages agréables ? Les pèlerins de la loi nouvelle imitent ainsi la postérité d'Abraham : ils imitent la sainte famille elle-même, et marchent d'une manière spéciale sur les traces de Marie ; car, au dire d'un saint docteur, si, après la mort de son divin Fils, la Vierge mena une vie toute spirituelle, cependant, tant que son âme fut unie à son corps, elle ressentit les impressions de la vie extérieure. Aussi se consolait-elle par la visite des lieux sacrés où elle embrassait spirituellement le fruit de ses entrailles (1).

Cette antique coutume des pèlerinages, usitée non-seulement parmi le peuple Juif, mais encore dans les religions diverses des nations payennes, n'a point fini à la venue du Sauveur. La religion de Jésus-Christ, qui sait si bien comprendre et sanctifier les penchants de notre cœur, n'a point retranché de son culte cette dévotion, et l'Église l'a sanctifiée.

Dès les premiers siècles du Christianisme, on vit les fidèles courir en foule aux lieux témoins des souffrances du Sauveur, s'agenouiller et prier près du saint sépulcre. De nombreux pèlerins se rendaient à Rome pour y prier aussi sur les tombeaux des premiers apôtres ; et, depuis les temps les plus reculés jusqu'à nous, ce pieux usage s'est maintenu et a été en vénération parmi les

(1) Sophrone, *in serm. de Assumpt.*

peuples restés fidèles à la foi de leurs pères. Celle qui avait prophétisé que toutes les nations l'appelleraient bienheureuse, vit aussi ses autels entourés partout de la vénération des peuples. « Enlevée en corps et en âme dans l'empyrée, pour en faire, après l'humanité sainte du Sauveur, le plus bel ornement, Marie n'avait rien laissé d'elle-même sur la terre. Voilà sans doute pourquoi les sépulcres qui renfermaient les ossements sacrés des martyrs, ont semblé, dans le commencement, éclipser la gloire du tombeau vide et des simples images de leur Reine. Mais son triomphe, pour avoir été en partie différé, n'en a été que plus éclatant. Le Sauveur a voulu que Marie le disputât en quelque sorte avec lui, quant au nombre et à la majesté de ses temples. Les prodiges de grâce et de miséricorde qu'il daigne opérer sur la terre, depuis que le Christianisme a réformé l'univers et comme reconstruit la société, il les opère principalement par Marie ; de sorte que dans toutes les provinces s'élèvent de saints asiles consacrés à la Mère de miséricorde. C'est là que l'affligé vient chercher la consolation, l'infirme la santé, le pécheur le pardon, le juste la persévérance, l'âme éprouvée la force et la constance. Ce sont comme autant de ports de salut, où, depuis plusieurs siècles, les fidèles trouvent un abri contre toute sorte de tempêtes. Ils y invoquent avec confiance la Vierge sainte ; et elle leur montre en elle-même l'accomplissement de cet oracle : « Celui qui me « trouvera, trouvera la vie, et il puisera le salut « dans les sources ouvertes par le Seigneur « *(De Parab. Salom. 9.)* (1). »

La France surtout se montra toujours dévouée au culte de Marie, et elle la regarda en tout temps comme sa Protectrice et sa Patronne. A mesure que la croix s'avançait victorieuse dans nos provinces, où naguère régnait en maîtresse la religion féroce des Gaulois, la plus grande partie de ses conquêtes était consacrée à Marie ; et les peuples, après avoir brisé leurs idoles de bois et de pierre pour adorer le vrai Dieu, se plaisaient à consacrer à son culte et à celui de sa très-sainte

(1) *Discours sur les Pèlerinages*, par le P. Gloriot.

Mère, les objets mêmes qu'ils étaient habitués à entourer d'une vénération sacrilége. Aussi, vit-on jusqu'au fond des campagnes s'élever des temples et d'humbles sanctuaires, en l'honneur de la Mère des chrétiens.

C'est peut-être jusqu'à ces temps reculés, qu'il faut faire remonter l'origine du sanctuaire de Notre-Dame de Torcé, dont nous allons raconter ici la simple histoire. Depuis les jours où les lumières de l'Evangile commencèrent à briller dans ces contrées, bien des changements sont survenus, bien des trônes ont été renversés, bien des temples profanés, des autels détruits ; cependant l'autel de Marie est encore debout, et le temps semble l'avoir épargné pour attester aux générations futures la tendre et vive confiance de nos pères en la Reine du Ciel, tandis qu'un ancien autel des Druides est resté là aussi, renversé sur le sol, comme un témoin perpétuel des triomphes de la Croix.

Avant vous, pieux pèlerins, vos aïeux sont donc venus s'agenouiller sur les marches de cet autel. Marie a reçu dans son église, avec une égale bienveillance, les hommages du riche et du pauvre ; la sainte égalité des enfants de Jésus-Christ leur en a indistinctement ouvert les portes, et les a confondus dans une même foule de fidèles, prosternés dans l'humble attitude de la prière. Des genoux royaux eux-mêmes ont fléchi devant cet autel, si nous ajoutons foi à d'antiques traditions. L'aïeul de saint Louis, et l'un de ses arrières descendants sont venus avec une humble foi, à une distance de cinq siècles, invoquer ici la Patronne de leur royaume, et l'on apercevait naguère encore, sur les murs de l'église, des marques de la royale munificence de l'un d'eux et de sa piété sincère.

Mais, outre les puissants et les riches de la terre, il est dans le monde de pauvres âmes qui ont vu périr leur fortune, leur avenir, leurs espérances et leur bonheur, sans pour cela renoncer à combattre et à vivre : la misère et la souffrance sont leur partage. Ce sont elles surtout qui ont grossi la foule des pèlerins, et Marie leur a procuré des forces pour le combat et des armes pour la victoire. Voyageurs incertains dans les sentiers de la vie, on a vu de pauvres affligés chercher des conseils auprès du siége de la sagesse ; et la Mère du Sauveur, en leur montrant son fils, leur a dit comme aux serviteurs de Cana : « Faites ce qu'il vous dira. » Non-seulement elle leur a indiqué la route, mais pendant tout le chemin, elle les a entourés de sa protection maternelle, et ne les a point abandonnés jusqu'au jour où elle les a introduits dans l'éternelle patrie.

« Plus la foi a été vive et simple, dit un célèbre missionnaire, plus aussi les pèlerinages ont été en vigueur. C'est que la simplicité et la vivacité de la foi donnent un sentiment d'autant plus profond et plus énergique de la condition de l'homme voyageur sur la terre, et alors il est naturel que ce sentiment se manifeste par de saints voyages. »

Pieux Pèlerins, recevez donc ce petit livre de Notre-Dame de Torcé, que vous offre en hommage le plus humble de vos frères, et souvenez-vous de lui auprès de Celle que nous avons tant de bonheur à nommer notre Mère !

PÈLERINAGE

DE

NOTRE-DAME DE TORCÉ.

CHAPITRE I.

Origine du Prieuré, de la Paroisse et du Pèlerinage.

Au fond d'un agréable vallon, formé par des monticules que les Géographes n'ont point nommés, sur les bords de la rivière de Parence, est situé un petit village, ignoré des savants, mais visité fréquemment par les dévots à la sainte Vierge Marie. S'il fallait en croire la tradition populaire, il devrait son nom à César, premier empereur de la ville éternelle. Quoi qu'il en soit de cette étymologie, il ne paraît pas bien certain que la paroisse de Notre-Dame de Torcé existât même avant le temps de l'Évêque du Mans, saint Aldric.

Au VIe siècle, une partie des vastes bois qui couvraient le pays avait été abattue, et le terrain cultivé, peut-être par une de ces colonies de solitaires, appelés par l'Évêque saint Innocent, dans son diocèse. Une tradition respectable rapporte que non loin de l'autel des Druides, dont la pierre se voit encore auprès du village, existait un gros chêne, consacré à leurs divinités et en grande vénération parmi les Gaulois. L'humble solitaire qui, le premier, serait venu planter la croix en ce lieu, aurait abattu lui-même cet objet d'idolâtrie, pour en construire la première chapelle où fut immolée la sainte Victime du Calvaire. C'est ainsi que la religion des Druides aurait fait place, avant même le VIIe siècle, à la religion divine de Jésus-Christ, et probablement au culte spécial de la sainte Mère du Sauveur (1).

Cependant nous n'avons pu découvrir aucun document historique certain, qui fût antérieur à la fondation du Prieuré.

Environ l'an 1063, dans les derniers temps de la prélature d'Albert, abbé de Marmoutiers, Burchard, fils de Faucher de Crapon, fonda le Prieuré de Notre-Dame de Torcé pour deux moines. Il donna aux religieux de Marmoutiers, l'église paroissiale avec ses dîmes, ses sépultures, et tous les autres droits qui y étaient an-

(1) « Nos contrées, devenues chrétiennes, on substitua des symboles chrétiens aux noms et aux figures du paganisme ; et il est à remarquer que presque toutes les premières églises catholiques ont été dédiées à la Vierge. » (Court de Gebelin, *Monde primitif.*)

nexés. Cette donation fut confirmée par Hamelin, son fils, en la cour du comte Hubert, à Beaumont, en présence de Geoffroy de Mayenne et de Gautier son fils : les témoins étaient Geoffroy vicomte, Guillaume de Doucelle, et Robert, son frère (1). Les moines furent autorisés à posséder cette église, par Hildebert de Lavardin, le II des calendes d'octobre.

Toutefois, le fondateur n'avait point l'entière propriété de l'église et même des églises bâties sur ce territoire. Un noble et religieux seigneur, nommé Albéric, avait sur elles des droits que sa piété lui fit bientôt abandonner, au profit des enfants de Saint-Martin.

« Il y avait en ce temps-là, dit Dom Martène, un homme puissant qui, sous l'habit militaire et au sein des honneurs éphémères de ce monde, menait cependant une vie chrétienne. Il se nommait Albéric, et était seigneur d'un château, auquel on donna le surnom de Fort. Dans son domaine se trouvait la moitié de la propriété des églises et du cimetière de Torcé, ainsi que de toutes les prémices et oblations qui en dépendaient. Ayant eu connaissance des menaces portées par le Saint-Siége, au nom du Seigneur lui-même, contre les séculiers, détenteurs injustes des biens de l'Église, et *n'écoutant pas seulement pour oublier aussitôt, il se montra obser-*

(1) D. Martène, à qui est attribué le manuscrit d'où nous tirons ces documents, pense que ce Hubert vicomte, dont il est ici question, était fils de Raoul, fondateur du Prieuré de Vivoin.

vateur de la loi, et sut trouver son bonheur en cette observation (1). En homme vraiment prudent, il se demanda à quel ordre monastique il devait donner les susdits biens, dont la possession lui était interdite. L'esprit de Dieu, parlant alors à son cœur, tout rempli déjà d'une fervente charité, il résolut de s'adresser au grand saint Martin, qui, durant sa vie, avait couvert d'un manteau Jésus-Christ lui-même, en la personne d'un mendiant, afin d'obtenir, par son intercession, d'être revêtu un jour du vêtement de l'immortalité. Il manda aussitôt à Torcé, où il faisait sa résidence, Gaultier, prieur de Saint-Célerin, entre les mains duquel il se démit de toutes ces possessions, y ajoutant encore la propriété des bois et terres situés entre l'église de la bienheureuse Vierge Marie et l'étang (2) : après quoi il put mener une vie tranquille et exempte des préoccupations de cette misérable terre (3). »

Le bon exemple donné par ce généreux personnage porta ses fruits. Rotrou, dans le fief duquel se trouvaient ces possessions, en confirma la donation, ainsi que Guy de Cort-Parent. Odon Leroux y ajouta trois deniers de cens, assis sur ses vignes de Torcé, avec la part qu'il possédait sur la terre du même lieu.

(1) Saint Jacques, Épît., ch. I, v. 25.

(2) Sans doute celui de la Chaussée.

(3) Manuscrit de la Bibliothèque de Tours; 3e vol. in-fol., p. 243 et suiv., n° 675.

Cependant un certain Herbert Lelong (*extensus*) retenait encore quelque part dans les biens susdits, à cause d'Eremburge, sa femme, belle-sœur du seigneur Albéric. Il arriva que peu après, cet homme tomba gravement malade, et, comme il voyait approcher le moment de sa mort, voulant se rendre Dieu propice, il supplia Eremburge de vouloir bien consentir à ce qu'ils fissent, à Saint-Martin et à ses moines, abandon entier de ce qu'ils tenaient par héritage dans les susdites églises et cimetière de Torcé. Ce pieux fidèle était mort, quand, un jour de dimanche, le même Gaultier, prieur de Saint-Célerin, étant venu visiter sa vénérable veuve, reçut d'elle l'accomplissement des dernières volontés de son mari : elle y ajouta même toutes les dîmes de la métairie de Geoffroy, fils d'Hardouin. Geoffroy, un de ses fils, était présent lorsque cette charitable femme fit déposer solennellement, par les mains de Gilduin de Cour-Parent, la charte de donation, sur l'autel de la bienheureuse Vierge. Thébault, son fils aîné, donna ensuite son consentement, en l'année de l'Incarnation du Fils de Dieu, 1100, sous les règnes de Philippe, roi de France et Guillaume, roi d'Angleterre (1).

Marchant sur les traces de ces généreux chrétiens, deux frères, Théobald et Raoul de Torcé, donnèrent en pure aumône à Dieu, aux saints Martyrs Vincent et Laurent et à leurs religieux du Mans, pour le salut de leurs

(1) Manuscrit cité *passim*.

âmes et celles de leurs ancêtres, l'église de Beaufay, et la chapelle de Sainte-Marie qui en était proche (1).

Quelque temps après la fondation de notre Prieuré, le vénérable Albert, abbé de Marmoutiers, que ses contemporains regardent comme un saint (2), à cause de son amour de la règle, de sa charité et de son zèle pour le service de Dieu, voulut visiter les religieux qu'il y avait envoyés. Son successeur, l'abbé Barthélemy, célébra la sainte Messe dans la chapelle de la bienheureuse Vierge, en l'année 1076, étant venu visiter, sur son lit de mort, le seigneur Hugues de Braistel, et en lui prodiguant ses soins et ses consolations en ce suprême instant, le remercier de la fondation qu'il avait faite du Prieuré de Saint-Célerin (3).

Pour se conformer aux décrets des Conciles, qui défendirent aux moines d'administrer publiquement la Pénitence, de visiter les malades, chanter les messes des morts, etc., le Prieur fut contraint bientôt de fournir à la subsistance d'un curé, chargé de desservir la paroisse et désigné par l'abbé de Marmoutiers. A cet effet, les dîmes et les offrandes furent partagées, et le Prieur en garda les deux tiers. Le Curé dut jouir des offrandes *paroissiales*, c'est-à-dire de celles qui étaient faites les

(1) Cartulaire nouveau de St.-Vincent, à la Bibliothèque du Mans.

(2) *Gloriosum patris nostri Alberti transitum*, disaient les moines en parlant de sa mort, arrivée en 1064.

(3) Même Hist. manuscrite de Marmoutiers, *passim*.

dimanches avec le pain à bénir, celles des époux au jour de leur mariage, des femmes à leur purification, et les dons offerts volontairement aux messes pour les défunts. Tel fut l'usage durant tout le XIIe siècle. Mais l'Évêque du Mans, Maurice, à qui la collation de la cure appartenait, jugeant les revenus du Curé trop médiocres, lui fit accorder une augmentation de blé.

Les droits réciproques des moines et du Curé furent ainsi établis, par des conventions et des décrets épiscopaux. En 1242, l'évêque Geoffroy fit encore ajouter 38 boisseaux de blé à la mense du Curé. Puis, dès le commencement et dans la suite, des legs et des dons furent faits, qui augmentèrent les revenus du Prieur et ceux du Curé. Comme ces donations témoignent de la piété des fidèles envers la sainte Vierge à cette époque, nous en citerons quelques unes.

En tête des bienfaiteurs de l'église de Notre-Dame, se placent naturellement le père et la mère de Rotrou, seigneur de Monfort et de Malestable, qui, avec leur fils, aidèrent les moines à reconstruire ce temple béni, où Marie devait être honorée dans la suite d'un culte si particulier.

Sous le priorat de Fr. Georges, au commencement du XIIIe siècle, ces pieux seigneurs donnèrent l'hébergement de la Bericonnière, pour l'augmentation du service divin. En 1235, Geoffroy de Torcé et Marguerite sa femme, personnages de grande dévotion, donnèrent leur forêt des Earts *(de effarto)* pour que leur anniversaire fût célébré chaque année dans le Sanctuaire de Marie (1).

Le chartrier du Prieuré signale encore dans ces premiers temps, comme bienfaiteurs, un écuyer, Guillaume de *Blandeio*, et un chevalier, Jehan Tachel, seigneur des Aulnais. Ainsi voyons-nous, dès ce siècle, les grands de la terre s'empresser d'apporter, aux pieds de la sainte Vierge, leurs généreuses aumônes, tribut non équivoque de leur profonde piété.

(1) Chartriers de l'Épau et de Torcé, *passim*.

CHAPITRE II.

Principaux Pèlerins et Bienfaiteurs de Notre-Dame de Torcé jusqu'au XVe siècle.

Faut-il faire remonter l'origine de la prodigieuse affluence de fidèles, qui viennent chaque année visiter, en dévots pèlerins, la bonne Notre-Dame de Torcé, au temps même où fut fondé le Prieuré ? De nombreuses recherches que nous avons faites touchant l'histoire de ce Pèlerinage, ne nous permettent point d'assigner, d'une manière fixe et indubitable, l'époque où les peuples commencèrent à invoquer ici, en plus grand nombre, la protection puissante de la sainte Patronne.

S'il fallait en croire une tradition, qui du reste ne nous paraît pas appuyée, le roi de France Philippe-Auguste serait venu s'agenouiller sur le pavé du premier temple élevé à Marie en ces lieux, en y faisant une halte, lorsqu'il se rendait de la Ferté-Bernard au Mans.

Toutefois, nous savons qu'au XIIIe siècle surtout, les fidèles semblèrent goûter, avec plus de foi, le charme des pèlerinages. « Nos aïeux aimaient alors à entreprendre « fréquemment ces voyages, frappante image du grand « pèlerinage du temps à l'éternité. C'étaient leurs fêtes « les plus belles et leurs joies les plus pures (1). » Les faveurs qu'en tout temps la Reine du Ciel se plaît à répandre sur ses enfants, inspirèrent sans doute dès lors la dévotion de la visiter dans le Sanctuaire qu'on venait d'élever en son honneur. Nous n'avons point été assez heureux pour découvrir aucun fait miraculeux certain, bien que la tradition populaire en rapporte plusieurs, et que le fait même de l'établissement du Pèlerinage puisse en autoriser la croyance.

Quoi qu'il en soit, il est certain qu'à partir du XIIIe siècle, un nombre considérable de fidèles, conduits par la piété et la reconnaissance, affluèrent aux différentes fêtes de la sainte Vierge, dans son église de Torcé. Et tous les siècles suivants sont jalonnés, pour ainsi dire, des pieuses et souvent illustres visites, par lesquelles le Seigneur a voulu rendre vénérable cet humble Sanctuaire.

Le premier de ces nombreux Pèlerins est un membre de l'une des plus antiques et plus vénérables familles de France, messire Martin de Montmorency. La tradition veut que ce soit ce seigneur qui, revenant de la Terre sainte, apporta caché dans sa cuisse un mor-

(1) *Manuel du Pèlerin à Notre-Dame de Chartres,* par l'abbé Bulteau.

ceau de la vraie Croix, qu'il déposa dans une chapelle de Saint-Remy, devenue depuis église paroissiale. Nous verrons dans la suite une dévote princesse de cette famille, dans laquelle la foi comme la bravoure sont constamment héréditaires, amenée par la reconnaissance au pied de ce même autel.

Ce concours, que nous verrons augmenter de plus en plus, donna sans doute naissance à la pieuse association que nous trouvons établie, dès la fin de ce siècle, sous le nom de *Confrérie de Notre-Dame.* Son but était d'honorer la sainte Vierge par des exercices et des prières en commun, et de resserrer l'union des fidèles entre eux, par les liens d'une charité plus étroite. Les Souverains Pontifes, à la requête des curés, accordèrent, pour la favoriser, plusieurs indulgences, dont malheureusement les titres ont été perdus. Ces faveurs spirituelles, que l'on nommait les *Pardons de Notre-Dame,* engagèrent les pèlerins à solliciter le titre de membres de cette Confrérie ; quelques-uns aussi firent des aumônes, afin *d'aider et entretenir les luminaire et service d'icelle, et à ce qu'ils fussent participans des prières, oraysons et bienfaicts d'icelle confrarie* (1).

(1) Titre de 1509. — Le dernier titre de reconnaissance des dons faits à cette Confrérie est de 1755. A cette époque, des antiques cérémonies de cette pieuse Association, il ne restait plus que la solennité de la fête patronale, le chant des Litanies de Lorette chaque premier dimanche du mois, et la messe *de Beata* tous les samedis pour les Confrères morts et vivants. (*Papiers déposés aux Archives.*)

Il n'est pas étonnant qu'attirés par les cérémonies extraordinaires et les indulgences de cette Association, les peuples voisins soient venus dès lors, plus fréquemment et plus dévotement, visiter l'église de Notre-Dame. Aussi, sans parler de la Maladrerie de Guéliant, hôpital fondé sur la rive droite de la Parence, pour recevoir les lépreux et sans doute aussi les infirmes de tout genre que la dévotion attirait, voyons-nous déjà de nombreuses hôtelleries, groupées autour de l'église, fournissant le logement aux pèlerins, qui affluaient particulièrement à l'époque des fêtes de la sainte Vierge. Il en venait en effet, dès lors, des diverses parties du Perche, de la Normandie, et des confins même les plus éloignés de la Bretagne. Peut-être déjà des paroisses entières commencèrent-elles également ces pèlerinages annuels, qu'elles continuèrent si religieusement à accomplir, durant les siècles suivants? Une note conservée aux Archives de la Sarthe nous autorise à le penser, puisqu'elle parle d'un curé *(persona)* de Beaufay, nommé Juhel (1), qui vint, vers 1240, avec ses paroissiens, pour honorer Marie dans son Sanctuaire.

Durant les XIVe et XVe siècles, nous voyons tant de dévôts et illustres personnages, au nombre des visiteurs et des bienfaiteurs de l'église de Notre-Dame, que nous

(1) Il est question de ce même Juhel, relativement à un long débat entre lui et les moines de Saint-Vincent, pour les dîmes de la paroisse de Beaufay. (*Nouveau Cartulaire de St.-Vincent,* n° 187.)

ne pouvons faire qu'enregistrer ici chronologiquement la date de leur pèlerinage et les noms des plus remarquables.

Hâtons-nous de dire que, dans le premier de ces deux siècles, le Sanctuaire vénéré vit deux évêques, venir aux pieds de la sainte Patronne pour implorer son assistance maternelle. C'est en 1377, sous le priorat de Frère Jéhan Michiélin, Gontier de Baignaux, Évêque du Mans, dont le voyage est attesté par des notes écrites postérieurement, et par un acte signé de sa main, dont la copie se trouve dans le *Cartulaire du Prieuré* (1). C'est ensuite, peut-être en même temps, vers 1380, Grégoire Langlois, originaire de Lucé au Maine, autrefois chantre de l'église du Mans et alors évêque de Séez. Ce vénérable et illustre pèlerin était si dévot envers la sainte Mère du Sauveur, qu'il fit de nombreuses aumônes à plusieurs monastères dédiés sous son invocation ; et, pour cela, il est honorablement cité dans le Martyrologe de l'abbaye de Beaulieu, aux nones d'octobre (2).

En 1332, messire Pierre de Vendosme, sire de Fleuré et deux autres fidèles, Perrot Inard et sa femme, fondèrent plusieurs rentes en faveur des moines et de l'église (3).

En 1346, Isabeau de Parthenay, dame de Montfort, de Vibraye, de Bonnétable, d'Apremont, comtesse de Harcourt et vicomtesse de Chatellerault, du chef de son

(1) Archives et Chroniques de la paroisse.

(2) Bibliothèque de la Sarthe, n° 256 ; manuscrit.

(3) Chartrier du Prieuré.

mari Jean IV, baron du Saonnois, vint au commencement de l'année, sans doute pour demander, par l'intercession de la bienheureuse Vierge, la conservation des jours précieux de ce vaillant soldat. Cependant le Seigneur ne parut point exaucer sa prière, car, le courageux vicomte tomba glorieusement à côté de son roi, sous les coups des Anglais, le 26 août, près du village de Crécy. Mais la pieuse veuve n'en continua pas moins de regarder la Mère de Dieu, comme sa consolatrice et son secours ; et nous la voyons, quatre ans plus tard, accorder sa protection aux moines du Prieuré et fonder trois messes de la sainte Vierge, aux jours de l'Annonciation, de la Purification et de la Visitation, pour le repos de son âme et celle du vicomte, son défunt époux (1).

Vers 1395, frère Jéhan de Beaufort était Prieur, lorsque deux pieux fidèles de Torcé, Jéhan Payen et Gervaisotte, sa femme, se donnèrent, eux et leurs biens, en servage à la bienheureuse Vierge (2).

Dès le commencement du siècle suivant, on trouve, au nombre des principaux bienfaiteurs de l'église de Notre-Dame, les sires de Montécler, Jacques et N., écuyers, seigneurs du Plessis, en Saint-Célerin. Sous le

(1) Chartrier du Prieuré, manuscrit.

(2) Même Chartrier — On sait que ces sortes de donations étaient très-fréquentes à cette époque ; on en trouve un exemple remarquable dans le Cartulaire de l'abbaye de la Piété-Dieu de l'Épau, aux Archives de la Sarthe.

priorat de frère Thomas Bazin, en 1458, ils continuèrent leurs riches aumônes (1). Par la suite cette famille, fidèle à ces heureuses traditions de piété qui, en se perpétuant d'âge en âge, font l'honneur, la force et la gloire de leurs illustres membres, ne se démentit point dans la dévotion envers la bonne Notre-Dame. Ainsi, en 1490, messire Jean de Montécler et Marie d'Assé, sa femme, aussi seigneurs du Plessis, contribuèrent aux réparations qui furent faites en ce temps à l'église; et, la dame, étant devenue veuve, fit don, en 1502, de plusieurs vases sacrés, et fonda des messes en l'honneur de la sainte Vierge (2).

Quelque temps auparavant, vers 1468, on avait vu une dame non moins illustre, Katerine, fille ainée du duc d'Alençon, comtesse de Montfort, dame de Gaure, de la Guerche, du Saonnois, etc., venir, au rang des simples fidèles, faire sa prière à l'autel de Marie, et l'enrichir aussi de ses généreuses largesses (3).

Au mois d'août 1490, le Doyen de Saint-Pierre-de-la-Cour, messire Jéhan Lepaige, célébra la sainte messe au même autel; c'est le dernier pèlerin illustre de ce siècle, dont les chroniques aient conservé le nom.

A côté de la Confrérie de Notre-Dame, dont nous avons

(1) Même Chartrier.

(2) Titres de la Fabrique de Saint-Célerin-le-Géré.

(3) Charte de l'abbaye de Perseigne, datée de Laval, le 26 novembre 1468.

parlé, les Révérends Pères Jacobins du couvent du Mans, qui vinrent à différentes époques à Torcé, soit pour satisfaire leur particulière dévotion envers la très-sainte Vierge, soit pour y faire des Missions ou Prédications, établirent dans la paroisse, à une époque que nous ne pouvons guère préciser, le Tiers-Ordre de saint Dominique, leur saint patron. Nous croyons cependant que cette association entre les fidèles, qui produisit tant de fruits de grâce et de bénédictions, commença vers la dernière moitié de ce siècle : elle subsista florissante jusqu'à la fin du dernier.

C'est ainsi que Marie vit s'élever et croître, à l'ombre de son Sanctuaire, une milice sainte et dévouée, qui, en se livrant à toute sorte d'œuvres de charité, comme le soin des malades, l'assistance des pauvres, l'instruction des ignorants, s'efforçait de procurer en même temps, par une vie mortifiée, le salut des âmes et la plus grande gloire de Dieu. Les charitables filles de ce Tiers-Ordre s'employèrent aussi, jusqu'en 1780, avec un zèle infatigable, à l'instruction chrétienne des petites filles pauvres de la paroisse (1). Elles furent alors remplacées, dans cette utile fonction, par les sœurs de la Chapelle-au-Riboul.

(1) Voir les Registres des sépultures, où l'on trouve *passim*, un grand nombre de membres de cette Association, inhumés dans l'église, et entre autres, plusieurs filles chargées de l'École des petites filles.

Donc la Vierge sainte ne protégeait pas seulement ceux qui de loin, comme nous l'avons vu, venaient implorer son secours puissant ; elle entretenait, au sein de sa paroisse d'adoption, une foi vive, qui s'exerçait à de saintes et heureuses pratiques. Mais nous ne pouvons nous empêcher de considérer pourtant ces courageux pèlerins, dont le nombre et la confiance semblaient aller toujours en augmentant. Se souvenant qu'aux jours de sa vie, la sainte Mère du Sauveur ne craignit pas de traverser un pays de montagnes, pour aller porter la joie dans la maison de sainte Élisabeth, ils ne se laissaient pas rebuter eux-mêmes par les fatigues d'un long voyage fait à pied. Aussi, comme ils étaient bien reçus par la Mère des grâces célestes, ses enfants dévots ! Leur prière était fervente, et la Vierge Marie, l'écoutant avec amour, ne manquait jamais de l'exaucer, et de payer aussi leurs peines, par de généreuses et maternelles faveurs.

Dès ce temps en effet, la bonne Notre-Dame de Torcé était connue au loin. Avant d'aller paraître au jugement de Dieu, un grand nombre de fidèles s'empressaient de se rendre Marie propice, en faisant des largesses à son Sanctuaire vénéré. Ils plaçaient même son nom dans leurs testaments à côté des noms des Sanctuaires les plus célèbres alors. C'est ainsi qu'en 1403, Habert Gadois, paroissien de la Guerche, lègue 50 sols tournois à l'église de Notre-Dame de Torcé (1). En 1415, un dévot citoyen du Mans,

(1) Papiers de la paroisse.

Jéhan Gerosme, ordonne par son testament du 19 juillet, qu'il soit fait après sa mort un voyage à Saint-Michel-du-Mont et un autre à Notre-Dame de Torcé (1). Pierre Nepveu, de la paroisse de Bouloire, lègue, en 1420, à M. Saint-Julian du Mans, à Notre-Dame de Roche-Madour, à Notre-Dame de Torcé, 4 deniers (2). Un autre bourgeois du Mans, Jehan Davézé, de la paroisse de Saint-Julien, fait aussi en 1441, des largesses en faveur du Sanctuaire vénéré (3).

On doit remarquer que dès le milieu de ce siècle on commença cependant à faire moins de dons au Prieuré, et qu'on en fit bien davantage à l'église dont on reconnaissait l'extrême exiguité pour contenir les pèlerins, devenant de plus en plus nombreux. Nous allons voir comment ces dons pieux furent employés à la gloire de la sainte Patronne de ces lieux.

(1) Archives de la Sarthe. G. 68.

(2) Parchemin de la Fabrique de Bouloire.

(3) Archives de la Sarthe ; Analyse de M. Bilard, n° 770.

CHAPITRE III.

Description de l'Eglise.

Depuis que les religieux bénédictins avaient été obligés de fournir à un Curé, les moyens nécessaires pour vivre, en remplissant les devoirs du ministère extérieur, il ne cessa pas d'y avoir au Prieuré, au moins deux moines de Marmoutiers, un Prieur et son compagnon, jusqu'au commencement du XVIIe siècle, où le Prieuré fut donné en commende. Nous en avons nommé quelques-uns ; nous ne croyons pas devoir donner ici la liste de tous, parce qu'il en est peu, auxquels on puisse rattacher un fait marquant pour le Pèlerinage.

Les Curés, de leur côté, se succédèrent pour l'administration de la paroisse. L'Évêque du Mans conférait les pouvoirs sur la présentation de l'abbé de Marmoutiers. Quand plus tard, l'abbaye de Marmoutiers fut supprimée, l'Évêque seul présenta à la Cure, et le Roi au Prieuré. Le premier de ces pasteurs, dont le nom nous ait été transmis par les titres déposés à la Fabrique, est Messire Jéhan Aubinière, qui, vers l'an 1478, édifia la paroisse par une grande dévotion envers la sainte Vierge, et la pratique de toutes les vertus d'un bon prêtre (1). Un de ses successeurs, Messire Jéhan Mezangeau, laissa une mémoire en bénédiction auprès des pauvres, par les nombreuses charités qu'il exerça. Dans son testament, daté du 8 septembre 1515, il légua à l'église des vases sacrés, une chasuble neuve et son bréviaire qui était *en moulé* (2).

Du temps de ce vénérable Curé, qui gouverna paternellement la paroisse, durant près de vingt-cinq ans, les offrandes des pèlerins, avaient augmenté d'une manière sensible. Déjà précédemment les intérêts séparés de l'église et du Prieuré avaient, comme nous l'avons dit, nécessité des transactions et des accords, consentis de part et d'autre. Ainsi, le 17 janvier 1487, devant le Bailly de Touvoie, frère Richard Rogier, Prieur, et le Procureur de la Fabrique s'accordèrent au sujet d'une rente de 40 sols, que le susdit Prieur prétendait avoir le droit de prendre sur la boîte de l'église, par moitié à Pâques, et à la Toussaint (3). De même, plusieurs années après, lorsque l'on pensa à

(1) Voir le *Livre des Chroniques de la paroisse*, manuscrit.

(2) Son épitaphe se lit sur une feuille de cuivre accolée à l'un des piliers de l'église.

(3) Papiers particuliers. — Archives.

agrandir l'église, nouvellement reconstruite presque en entier, et pourtant déjà devenue trop étroite, frère Louis Corelet, alors Prieur, vers 1512, céda pour cela à la Fabrique un emplacement, sur le terrain du Prieuré, moyennant une somme de 20 sols tournois de rente annuelle : les frais de construction restèrent à la charge des paroissiens.

Il paraît résulter, des termes mêmes de ces différents accords, que dès cette époque, le Prieur n'exerçait plus guère qu'un droit honorifique sur l'église, et que les moines avaient entièrement cessé de s'occuper de tout ministère extérieur, et même des solennités et cérémonies du culte.

Si la gloire de Marie a brillé d'un vif éclat aux yeux des peuples environnants, durant les trois siècles dont nous venons de parcourir rapidement l'histoire, c'est à partir de la fin du XVe surtout, que ce culte va prendre un nouvel accroissement et une plus grande majesté.

L'église du XIIe siècle était trop petite, pour contenir les multitudes qui y affluaient, à toutes les fêtes de la sainte Patronne. Durant le cours du XIVe, on l'avait agrandie, tout en la défigurant, par l'adjonction d'un bas-côté au midi, qui se prolongeait depuis le bas de la nef jusqu'à la hauteur de l'abside. C'est vers cette époque également que l'on éleva la tour en avant du vieux portail, qui heureusement demeure encore debout, comme un antique témoin de la gloire en même temps que de l'antique protection de Marie, notre bonne Mère.

A partir de la fin du XVe siècle, l'église de Notre-Dame changea de face, sans toutefois prendre une forme entièrement régulière. On vit s'élever alors, au delà de l'ancienne abside renversée, une abside à trois pans, dont la voûte est sillonnée par de nombreux arceaux, et deux chapelles rectangulaires également voûtées, faisant suite aux deux bas-côtés de la nef, dont un seul, celui du midi, existait alors : l'autre fut construit plus tard, vers 1515.

Plus heureuse qu'un grand nombre de superbes basiliques, l'humble église de Notre-Dame a conservé, dans ses archives et dans ses souvenirs, le nom de l'architecte qui traça le plan de ces constructions, si considérables qu'elles peuvent être regardées comme une réédification entière. Nous sommes heureux nous-même, de pouvoir signaler à la reconnaissance de nos compatriotes et des pèlerins, son nom, digne de vénération. Cet homme habile se nommait Maître Guillaume Gaulard, prêtre, sans doute pourvu du titre de curé de la paroisse du Sentier, au diocèse de Chartres. N'était-ce point, qu'inspiré par le magnifique édifice, élevé par la piété des fidèles, au milieu des plaines de la Beauce, en l'honneur de Marie, et sous les voûtes duquel il avait sans doute reçu l'onction sacerdotale, ce digne prêtre, jaloux à son tour de pouvoir édifier une élégante demeure à la puissante Reine du clergé, voulut employer son zèle et son talent à la construction de notre église? Qu'il soit donc béni de cette œuvre sainte, dans laquelle il s'associa, plus tard, pour la surveillance et la direction des travaux, deux prêtres de Torcé, Maître Denys Trouillet, et Maître Denys Lambert. Ce dernier, neveu du curé, était alors fermier du Prieuré, dont le Prieur, pourvu tout récemment de l'office de grainetier ou économe *(granatarius)* au monastère de Marmoutiers, avait été remplacé par un commendataire, nommé Anthoine Berthelot, prêtre, bachelier en Théologie, résidant à Paris. Il contribua, dit un vieux registre, à l'embellissement et agrandissement de l'église, par ses biens et par ses labeurs : « Habile qu'il estait, et saichant bien bastir « ces sortes des édificaments, bastiments à Dieu et à sa « benoiste et très-sainte Mère (1). » C'est peut-être en reconnaissance de ces services qu'il fut pourvu, après le décès de son oncle, Maître Mezangeau, de la cure de Torcé (2). Il paraît certain que ces constructions, commencées vers l'an 1460, étaient entièrement terminées avant l'année 1520. Maître Lambert mourut longtemps encore après, plein de jours et de mérites ; il eut sa sépulture auprès de son vénérable prédécesseur, et non loin du sanctuaire (3).

Quelle était dans les temps les plus reculés, la forme de l'image, représentant aux yeux des Pèlerins la bienfai-

(1) Livre des Chroniques de la paroisse.

(2) Maître Denys Trouillet lui succéda.

(4) Son épitaphe en vers se lit au-dessus de celle de son oncle, sur une table de marbre.

sainte Protectrice de ce lieu ? Nous l'ignorons. Il y a tout lieu de croire que ce ne fut pas une de ces images, embellies à grands frais par le ciseau des artistes ou faites d'un métal précieux. Hélas ! l'humilité, qui avait attiré les regards du Tout-Puissant sur la fille de Juda, fut toujours la vertu de prédilection de la sainte Mère de Dieu, et elle semble se plaire davantage à être honorée dans les plus pauvres Sanctuaires et sous les images les plus simples (1). Après l'achèvement entier des nouvelles constructions, la Vierge sainte fut représentée à l'autel (élevé vraisemblablement dans la dernière moitié du XVIe siècle), d'abord, au moment de sa mort ; premier tableau dans lequel la naïve imagination du statuaire lui a fait commettre de nombreux anachronismes : ensuite, par un second tableau, en relief comme le premier, où la Reine du Ciel est emportée dans la gloire par les Anges, dont elle est la divine Maîtresse.

Mais, il fallait que la bonne Notre-Dame remplit désormais en entier son nouveau Sanctuaire. Son image apparaîtra donc aux yeux de ses dévots enfants. non pas seulement au lieu le plus digne, mais encore dans les endroits les plus retirés. Dans les jours de grande affluence, les pèlerins sont agenouillés aux places les plus éloignées de l'autel, à l'extrémité des nefs latérales,

(1) Nous croyons que l'image vénérée alors est la même qui est encore conservée de nos jours ; c'est cette statue du grand autel, qui, l'année dernière, a été ornée d'une couronne le jour de la Visitation, et paraît remonter jusqu'au XIVe siècle.

aux portes quelquefois. Eh bien! la statue de Marie surmontera chaque porte, même au-dehors, afin que le pieux voyageur reçoive d'elle l'espérance du secours, avant même d'avoir passé le seuil de son Sanctuaire. Puis, combien de ces pauvres gens du peuple, pleins d'une foi vive, qui aimeront qu'on leur rappelle les grandes merveilles opérées par le Seigneur en sa sainte Mère? Les fenêtres brilleront pour cela de mille couleurs variées et chatoyantes ; les vitraux seront des images en riches émaux, qui parleront aux yeux, comme la parole sainte, descendant de la chaire de vérité, frappe les oreilles et se fait entendre au cœur.

Le Prieuré cessa heureusement bientôt d'être possédé en commende. Frère André Rapicault fut nommé Prieur, vers le milieu du XVIe siècle. Ce religieux, fervent disciple de la sainte Vierge, et habile dans l'art du peintre-verrier, qui déjà penchait vers la décadence, n'eut rien plus à cœur que de consacrer son temps et ses travaux, à rassembler d'abord les fragments des vieilles peintures, échappées aux ravages du temps, à les raccorder ; puis ensuite à remplir toutes les nouvelles fenêtres de ces gracieux dessins, dont une grande partie est demeurée jusqu'à nos jours, après avoir traversé pourtant de rudes et difficiles épreuves. Aidé, dans ce travail, par son compagnon et sans doute son parent, profès aussi de Marmoutiers, nommé Jéhan Rapicault (1), il parvint,

(1) Leur famille n'était-elle point du pays même? Ce qui tendrait

en peu d'années, à compléter son œuvre selon ses désirs. Cependant, il n'avait pas fini tous ses travaux quand, une peste violente étant venue à sévir dans toute la contrée, ce fervent religieux trouva une glorieuse mort dans son dévouement auprès des malades, en 1583.

O Marie ! cette mort fut précieuse devant vous, qui mit fin à une vie, tout entière consacrée à procurer votre glorification au milieu des peuples, et interrompue seulement par le dévouement de la charité la plus admirable !

Il paraît probable que son compagnon s'occupa, dans la suite, de terminer les travaux commencés, puisque l'on voit des donateurs dont les bienfaits furent postérieurs à cette date (1).

Avant de nommer les généreux bienfaiteurs qui s'empressèrent d'aider de leurs largesses ces infatigables artistes, et qui, jaloux de contribuer à la décoration du sanctuaire de Marie, apportèrent à ses pieds de riches présents, comme autrefois les Mages aux pieds de l'Enfant-Dieu, disons un mot de cette œuvre des deux moi-

à le faire croire, c'est qu'en même temps nous voyons Adam Rapicault, prêtre, vicaire de Torcé. Beaucoup de familles de ce nom habitent encore les environs.

(1) On voyait encore, il y a peu d'années, sur un vitrail, ce religieux en prières aux pieds de saint André, son patron ; et, au-dessus on lisait le millésime 1580. Sur une fenêtre qui existe encore presque en entier, au-dessous de saint Benoît, on trouve ces trois lettres F. A. R., que nous traduisons ainsi selon l'usage de l'époque : *Fecit* ou *Frater Andreas Rapicault*.

nes, dont les ravages du temps et des révolutions ont heureusement encore épargné une assez grande partie.

Pour honorer les trois personnes de la très-sainte Trinité, l'architecte du chœur avait percé l'abside de trois belles fenêtres ; le religieux-verrier comprit ce symbolisme. La fenêtre du milieu fut dédiée au Père. La rose du tympan est formée par quatre lobes où sont représentés des anges et les armes des donateurs (de Harcourt) : à droite le Père éternel envoie le Messager céleste annoncer à Marie qu'elle est choisie pour être la Mère du Rédempteur du monde ; l'ange tient le sceptre de la puissance dans la main gauche, et l'Esprit-Saint descend sur l'humble Vierge, qui vient de prononcer la parole de soumission : *Ecce ancilla Domini.* La fenêtre de droite est dédiée au Fils. Il y est représenté dans sa naissance entre les deux animaux traditionnels, le Bœuf et l'Ane : Marie et Joseph l'adorent avec les Mages que l'étoile miraculeuse y a conduits ; les Bergers se retirent et les Anges chantent encore dans les airs le cantique de la paix. Le tympan est occupé par le miracle de saint Julien, premier apôtre du diocèse, qui, frappant le sol de son bâton pastoral, en fait jaillir une source d'eau : l'Église, en effet, ne prend-elle pas naissance au berceau du Fils de Dieu ? La troisième fenêtre est consacrée à l'Esprit-Saint. Le peintre y a représenté Marie entourée du saint Rosaire, tenant en ses bras le divin Enfant ; devant elle, saint Louis, la tête couronnée et la main armée du sceptre royal, lui présente toute une famille de donateurs, qui sont ici comme les représentants de tous les fidèles enfants de cette bonne Mère. Au tympan, l'Esprit-Saint, sous la figure de la colombe blanche, occupe le centre, et autour sont deux rangées de Séraphins aux couleurs d'azur et de feu, dans la pose de l'adoration. Ainsi, ces trois fenêtres résument à elles seules, toute la grandeur de Marie, comme Fille du Père, Mère du Fils et Épouse du Saint-Esprit. Toute sa mission divine y est rappelée : Marie choisie par le Père céleste, Marie agissant dans le monde en produisant le fruit de vie ; Marie honorée, et aidant, pour ainsi parler, l'Esprit-Saint dont elle est l'épouse immaculée, dans l'œuvre de la sanctification des âmes.

Dans les autres fenêtres du reste de l'église, l'habile artiste avait représenté les divers mystères où la sainte Vierge a paru, d'après le récit évangélique. Il ne reste plus guère de ces magnifiques peintures que des fragments qui en attestent la richesse et la beauté : entre autres une image incomplète de la Visitation, et la fenêtre du Crucifiement. Sans doute le peintre termina son œuvre par cette dernière ; ou bien, après sa mort, son frère reconnaissant, voulut-il rappeler son souvenir, en le représentant sous l'habit de son ordre, et jouissant déjà de la gloire des élus, que sa mort précieuse lui avait acquise ? On le voit en effet au pied de la Croix, au côté opposé à la donatrice (Jehanne de Couesme), accompagné d'une inscription qui ne permet point de s'y méprendre.

CHAPITRE IV.

Noms de quelques Bienfaiteurs et Pèlerins de Notre-Dame de Torcé, pendant le XVIe siècle.

Ainsi les artistes, dans ces temps de foi, se plaisaient à embellir et à orner le Sanctuaire, où la divine Vierge aimait à répandre ses maternelles faveurs. Mais en même temps des personnes généreuses versaient de nombreuses aumônes, jalouses de payer ainsi des bienfaits reçus, empressées d'obtenir le pardon de leurs péchés et d'acheter, au prix de biens passagers, un trésor éternel de bonheur et de gloire. C'est pourquoi, tout en inscrivant les noms des nombreux pèlerins de ces siècles, nous avons hâte de signaler, à la reconnaissance publique, les bienfaiteurs de l'église de Marie.

En 1502, noble damoiselle Jéhanne Pierriau, veuve de messire Guillaume de Rochefort, écuyer, dame des Aulnais, fait des dons nombreux aux moines et à l'église (1).

(1) Chartrier du Prieuré.

En 1519, par acte du 29 octobre, Jéhan de la Lande et Catherine Aubourg, sa femme, donnent de leurs biens, pour la fondation perpétuelle de quatre messes de Notre-Dame, en la semaine de la Nativité (1).

Vers 1555, messire François de Clinchamp, sieur de la Cénerie, fait plusieurs dons en argent une fois payés (2).

Fidèle aux généreuses traditions de sa famille, damoiselle Françoise de la Saussaye, épouse de messire Charles de Montécler, dame du Plessis-Neufmanoir, s'empresse, toutes les fois qu'elle visite le Sanctuaire vénéré, d'y laisser de fréquentes largesses, auxquelles elle ajouta encore plusieurs rentes à perpétuité, par son testament du 5 août 1601, afin de servir à l'entretien des ornements et à la célébration de l'Office divin (3).

Mais les principaux bienfaiteurs dont l'histoire nous a conservé les noms, sont sans contredit, les seigneurs de Bonnétable, qui ont toujours été regardés comme les fondateurs de l'église. Nous nous bornerons à rappeler les plus connus.

A la fin du XIVe siècle, cette seigneurie était passée entre les mains de Philippe de Harcourt, petit-fils d'Isabelle de Partenay, dont on connaît déjà les bienfaits. La divine Providence inspira, comme nous l'allons voir, à

(1) Titres divers, 1519-1755.

(2) Entre autres, voir acte du 2 mai, passé devant Ahier et Pougel.

(3) Papiers de la Fabrique de Saint-Célerin.

presque tous les membres de cette religieuse famille, une grande dévotion pour la bonne Vierge, et par là même pour son Sanctuaire de Torcé. Le patronage de cette illustre Maison, si souvent alliée aux princes du sang royal, ne laissa pas que d'être d'un immense avantage pour notre église, dont la reconstruction et l'agrandissement, comme on l'a vu, devenaient de jour en jour plus nécessaires.

Girard de Harcourt, fils aîné de Philippe, comme lui Sire et Baron de Bonnétable, épousa Marie de Graville. Ces deux époux firent des dons à Notre-Dame; mais Girard mourut bientôt à la bataille d'Azincourt, en 1415, après s'être employé utilement, tout le temps de sa vie, au service de l'Etat : son père vivait encore. Il laissa plusieurs enfants : Jean, l'aîné, hérita de la seigneurie et épousa Catherine d'Arpajon. Est-ce lui, comme le rapportent certains historiens, qui bâtit le château? nous l'ignorons. Mais nous savons que sa sœur, Marie de Harcourt, avait une grande dévotion pour sa sainte patronne; il n'est pas présumable, quoique nous n'en ayons trouvé aucune trace, qu'elle ait mis en oubli le Sanctuaire de Torcé.

Le fils aîné de Jean de Harcourt, nommé François, Baron de Bonnétable et Châtelain de Tilly, épousa Anne de Saint-Germain. Après sa mort, arrivée en 1508, sa veuve favorisa l'église de Torcé dont elle était, comme dame de Bonnétable, fondatrice. C'est elle qui vraisemblablement donna la vitre du fond de l'abside, où se remarquent ses armes et celles de son mari (1).

Liot de Harcourt, héritier de François, étant mort fort jeune, Jeanne et Gabrielle de Harcourt possédèrent la seigneurie de Bonnétable que la première de ces deux dames fit passer en la Maison de Coesme, par son mariage avec Charles de Coesme, seigneur de Lucé. Est-ce cette Jeanne de Harcourt ou Jeanne de Coesme, femme de François de Bourbon-Conti, qui donna la grande fenêtre du Crucifiement (2) ? Nous ne pouvons le dire : toutefois, ces deux illustres dames furent également dévotes envers la bonne Vierge de Torcé. La dernière, héritière de la piété de son aïeule, fit célébrer plusieurs fois le divin Sacrifice à l'autel de Marie, pour le repos de l'âme de son frère aîné, Jean de Coesme, mort à la bataille de Lusignan, en 1574. Après la mort de son premier mari, messire Louis de Montafié, dont elle garda toujours un religieux souvenir, elle se plut à enrichir de vases sacrés et de linges précieux le Sanctuaire de sa prédilection.

Cette pieuse dame sut inspirer à sa fille, Anne de Montafié, qui devint après elle dame de Bonnétable, une

(1) Elle portait : *De gueulles au chevron d'argent accompagné de trois besans de même*. Ces mêmes armes se voient encore à la montre du buffet d'orgues, et indiquent une semblable origine. Cependant nous n'osons pas l'affirmer.

(2) Elles portaient toutes les deux l'écu *D'or au lion d'azur armé et lampassé de gueulles*, qui se voit encore au tympan de cette fenêtre.

fervente dévotion envers la sainte Mère de Dieu. Ce qui valut à l'église de Torcé plusieurs riches aumônes, surtout depuis qu'Anne fut devenue l'épouse du comte de Soissons, Charles de Bourbon, en 1561. Elle mourut à Paris, le 17 juin 1644, en sa soixante-septième année, pleine de vertus, au rapport d'un historien, qui raconte que sous les dehors d'une grande sévérité, elle avait des mœurs simples, avec une véritable piété et une vie chaste (1). Anne de Montafié fut mère de Louis de Bourbon, de Soissons, pair et grand maître de France, gouverneur du Dauphiné et seigneur de Bonnétable, à qui les habitants de la paroisse de Torcé durent l'exonération des logements de troupes, charges pénibles dans les premières années du XVIe siècle (2).

Outre les Seigneurs de Bonnétable, dont la piété envers Marie fut d'un si bon exemple, nous voyons à cette époque beaucoup de membres des plus riches et des plus illustres familles de la contrée, s'empresser de visiter et d'enrichir le Sanctuaire vénéré. Parmi ceux-ci,

(1) *Anna antiquis moribus fœmina, castitate atque pietate insignis.* (Jean de la Borde, *De rebus Gallicis*, p. 121.) Tous les détails précédents sur les seigneurs de Bonnétable sont extraits de l'histoire de la maison de Harcourt et de l'histoire généalogique de la maison de France, ainsi que des titres manuscrits conservés à la Fabrique.

(2) Une copie de ces lettres d'exemption, signée par Louis de Bourbon le 26 mars 1644, est conservée dans les Archives de la paroisse.

nous ne pouvons oublier les seigneurs de Vabres de Castelnau, alliés à celle de Boisnay de Cour-Parent et des Aulnais (1); les seigneurs de Saint-Mars, vicomtes de Bresteau, et sans doute ceux d'Assé-le-Riboul.

A côté de ces bienfaiteurs, ne recueillerons-nous pas aussi quelques noms de pieux pèlerins, moins élevés en dignité devant les hommes, mais dont la prière et les bienfaits ne furent pas moins agréables à Marie ?

En 1528, Maître Jean Lemaignan, docteur, archidiacre du Passais et chanoine du Mans; en 1553, Maître René de Saint-François, prêtre, chanoine et grand archidiacre du Mans, Prieur-Commendataire du Ronsay, qui vint remercier la sainte Vierge, pour des grâces nombreuses obtenues par son entremise; en 1554, frère François de Bellée, religieux de Beaulieu, Prieur-Curé de Marcillé-la-Ville et de Montourtier; en 1582, Maître Jéhan de Baïf, chanoine du Mans.

A la fin du même siècle nous voyons encore noble dame Louise de Laval, dame de la Faigue, de Ver et de la Rosière, femme de messire Pierre de Montmorency I, Seigneur de Lauresse, faire souvent et avec une grande dévotion, le pèlerinage de Notre-Dame, dont elle enrichit l'église de plusieurs *beaux dons de vestements de prestre* (2).

(1) Les armes de Vabres de Castelnau se voient encore sur une des fenêtres de l'abside.

(2) Papiers de la Fabrique de Lombron. — *Histoire généalogique de la maison de France,* par le P. Anselme.

Excités sans doute par l'édifiant exemple de leurs Seigneurs, les paroissiens de Bonnétable donnèrent aussi dès ce temps des marques frappantes d'une grande confiance en la puissante Protectrice vénérée à Torcé. Durant tout ce siècle, on rencontre en effet une foule de testaments, contenant des legs, faits par les pieux fidèles, laïques et prêtres. Il est à remarquer que tous ces dévots à Marie tenaient à avoir part ainsi *es-prières qui avoient accoustumé de faire les bons chrestiens en la dicte esglise* (1). Parmi ces pieux personnages, on trouve Maître Ambroys Lecharme, prêtre domicilié à Bonnétable, qui donna à l'église de Notre-Dame, 10 deniers, pour que l'on y fît la recommandation de son âme.

Il est édifiant de voir en ce même temps, une famille pleine d'une foi à toute épreuve, qui profondément affligée par des malheurs successifs, et particulièrement par la perte d'un fils qui donnait les plus belles espérances, ne chercha de consolation que dans le recours confiant à l'intercession de la sainte Mère de Dieu. Aussi ces deux époux, du nom de Courtin, après avoir pendant leur vie prié avec ferveur la Consolatrice des affligés, voulurent qu'un cierge fût entretenu *à toujourmès* devant son autel, comme un témoignage perpétuel de leur reconnaissance ; et, par leur testament du 4 mai 1555, ils fondèrent dans l'église de Notre-

(1) Divers testaments rédigés par les vicaires de Bonnétable, notaires apostoliques, de 1548 à 1568.

Dame de Torcé, à perpétuité, une messe le jour de l'Assomption de la bienheureuse Vierge Marie, avec la recommandation aux prières de *chascuns bons chrestiens d'icelle* (1).

C'est ainsi qu'un concert unanime de louanges s'élevait de toutes ces bouches de prêtres et de laïques, suzerains et vassaux, vers la Mère commune de tous les chrétiens. Et l'on ne voit même pas que cette harmonie des hymnes sacrés, à la gloire de Marie, ait été quelquefois interrompue par les malheurs publics. Au milieu des ravages exercés par les fléaux de la guerre et de la peste, la confiance ne manqua jamais, et les faveurs célestes ne cessèrent point non plus de couler abondamment par les mains de la divine Bienfaitrice. On peut constater même que dans les temps les plus désastreux, la puissance de Marie apparut plus heureusement, en couvrant de sa maternelle protection sa maison et celle de ses enfants. Nous l'allons voir plus amplement dans les chapitres qui suivent.

(1) Même source.

CHAPITRE V.

Principaux Pèlerinages durant les XVIIe et XVIIIe siècles.

Sur un rocher de la plage, on voit souvent s'élever une humble chapelle d'où l'Étoile de la mer veille sur les matelots qui s'aventurent, au gré des ondes, dans un lointain voyage ; de là, la main puissante de la Vierge, Secours des chrétiens, Espoir des nautonniers, apaise les tempêtes et préserve ses enfants du naufrage.

Notre-Dame de Torcé est loin des mers ; mais autour d'elle sont dispersés çà et là de petits villages et des hameaux. Le vent des guerres civiles et de l'hérésie a parfois soufflé dans ces contrées, les flots ont été violemment agités autour du Sanctuaire de Marie. Durant le XVIe siècle surtout, les paroisses environnantes furent bouleversées par les huguenots, qui firent endurer mille outrages aux catholiques : des lettres écrites du pays à cette époque en font foi. Ainsi on rapporte qu'à Courcemont, à Courcebœufs et à Beaufay, ces hérétiques furieux, après avoir porté l'épouvante dans les maisons en y commettant toutes espèces de crimes, assassinats, viols et rapines, entrèrent dans les églises, et là se livrèrent aux plus épouvantables sacriléges et à des atrocités : ils abattirent les fonts de Baptême ; sur les autels, ils dressèrent leur repas, se servant des *saints corporaux* en guise *de serviettes; des calices, ils en firent des écuelles et des coupes; ils ouvroient les ciboires et en répandoient les hosties* (1). A Saint - Célerin, de semblables désordres eurent lieu, est-il rapporté dans les Chroniques ; à Courcebœufs, on fit payer à la paroisse une somme de 10,000 livres ; les campagnes étaient tellement ravagées qu'on enlevait aux cultivateurs leurs meubles, leurs charrues et leurs bestiaux.

Au milieu de cette universelle désolation, les enfants de Marie étaient à l'abri de la tempête; on rapporte même qu'un jour un nuage miraculeux déroba aux yeux d'une troupe de soldats malintentionnés, armés de pioches et d'instruments meurtriers, le Sanctuaire béni, qu'ils venaient ravager comme les églises d'alentour. Marie, la Reine du ciel garda-t-elle son Église par une protection spéciale en cette circonstance ? Nous ne voulons point l'affirmer. Quoi qu'il en soit, son Sanctuaire non-seulement resta debout, mais ne perdit rien

(1) *Galerie philosophique du XVIe siècle,* par Mayer, tome II, page 181 en note.

de ses ornements, et ne fut point pollué par ces affreux sacriléges. Il ne cessa pas non plus une seule année, d'être visité par une foule innombrable de Pèlerins. Durant que la peste et la guerre civile exerçaient ainsi de terribles ravages, qui pourrait compter les pauvres parents dont les enfants étaient morts dans les batailles, les enfants dont les parents avaient été enlevés par la contagion, qui vinrent alors demander à Marie des consolations et des forces, et quittèrent l'autel de la bonne Notre-Dame, toujours consolés et plus forts ?

Nous ne pouvons omettre de dire, que l'on voyait, dès ce temps, à l'entrée du bourg, sur le chemin du Mans, une fontaine nommée la *fontaine du Miracle*, ou de *Notre-Dame*. Avant d'entrer à l'église, les Pèlerins s'y lavaient ordinairement les pieds et les mains ; et, à leur départ, ils emportaient toujours avec eux une fiole, pleine de cette eau, à laquelle leur confiance attachait une vertu surnaturelle. La vénération pour cette fontaine a persévéré jusqu'à la fin du siècle dernier.

Bien plus, c'est à partir du temps même où la guerre civile était allumée en France avec plus de fureur, que l'on commença à voir des paroisses entières accomplir le Pèlerinage de Torcé.

Ainsi, en 1520, Maître Jean Hérel ou Hercel, doyen de Beaumont, curé de Nouens et Murcé *(sic)*, à la tête de ses paroissiens *très-dévoticux*, était venu demander l'intercession de Marie pour obtenir la cessation des fléaux qui ravageaient la contrée (du Saonnois) (1). Cette paroisse n'interrompit point son Pèlerinage durant les mauvais temps qui suivirent.

C'est à la même époque que nous avons constaté la dévotion fervente des fidèles du doyenné de Bonnétable à *la Benoiste Notre-Dame*. Nous avons relaté également un grand nombre d'illustres personnages qui ne se laissèrent point arrêter par la crainte des dangers divers que l'on ne pouvait manquer de courir alors en traversant les campagnes, parcourues le jour et la nuit par des bandes armées.

Une note manuscrite, trouvée sur un Missel de l'ancienne maison de Coëffort près le Mans, prouve que dès lors les Confrères avaient coutume d'accomplir le Pèlerinage de Notre-Dame de Torcé le VIII des Ides d'août (6 août) de chaque année (2).

Dans ce siècle encore, la paroisse de Saint-Germain-de-la-Coudre, au diocèse de Séez, venait le 8 septembre, processionnellement et la croix levée, dans l'église vénérée; c'est-à-dire que les fidèles dévots à Marie faisaient ainsi, en chantant ses louanges, un trajet de plus de sept lieues, pour être, par sa puissante intercession, préservés du fléau de la grêle qui auparavant détruisait fréquemment les moissons.

L'église de Notre-Dame commença donc alors à n'être

(1) Pouillé, manuscrit de 1676.

(2) N° 1365 de la Bibliothèque publique du Mans.

plus visitée seulement par des Pèlerins, venant isolément adresser leurs prières à la sainte Mère de Dieu; des paroisses entières firent vœu de venir chaque année, en processions nombreuses, se presser aux pieds de son autel vénéré. On peut dire que les beaux jours du Pèlerinage (du moins d'après les documents historiques qui nous sont restés) commencèrent en ce temps. L'heureuse réaction qui se manifesta dès les premières années du XVIIe siècle dans la France entière, se fit sentir également ici.

Parmi les paroisses qui certainement accomplirent le Pèlerinage, jusqu'à l'époque désastreuse de la révolution, il faut mentionner les suivantes :

En 1620, les paroissiens de Saint-Calais-sur-Anille, après la construction entière d'une nouvelle église, dans leur ville, firent ce Pèlerinage, la croix levée, pour adresser à Dieu des actions de grâces (1).

Sans doute à cette même date, les habitants de Chérancé, dans le Saonnois, dont la paroisse était alors en proie au terrible fléau de la peste, firent vœu d'aller en Pèlerinage au Sanctuaire où la Consolatrice des affligés était en si grande vénération, et le fléau cessa tout d'un coup (2). Aussi furent-ils fidèles à faire régulièrement

(1) Pesche, dans son *Dictionnaire statistique de la Sarthe*, d'après les notes de M. de Musset ; article SAINT-CALAIS.

(2) « La mortalité était si grande qu'un cimetière supplémentaire « avait été établi dans un hameau populeux de la paroisse. » Note manuscrite communiquée par M. le curé.

dans la suite le même pieux voyage, apportant chaque année, à l'autel de Marie, une *Torche* ou *Souche* avec des ornements en cire, comme le fait encore la paroisse de Saint-Germain-de-la-Coudre.

Le *Livre des Chroniques de la paroisse de Saint-Célerin* raconte qu'aux temps de peste et autres maladies, on faisait ce Pèlerinage en commun, même plusieurs fois par an. Au mois d'août 1629, à l'occasion d'une désastreuse sécheresse, les fidèles de cette paroisse se rendirent à Torcé pour adresser à la sainte Vierge des prières publiques. Nous voyons que de nouveau, ils accomplirent le Pèlerinage dans l'été de 1735, pour implorer la miséricorde de Dieu et le prier de faire cesser les ravages extraordinaires causés par les chenilles (1).

En 1639, nous voyons encore plusieurs processions venir implorer le secours de Marie à l'occasion d'une sécheresse désolante : leurs noms ne sont point désignés. Il en est de même pour l'année 1671, durant laquelle plusieurs paroisses choisirent le Sanctuaire de Torcé pour but des processions ordonnées par Monseigneur l'Évêque du Mans, afin de gagner les Indulgences ou Pardons du Jubilé (2).

Outre la paroisse de Chérancé, dont nous avons parlé, celle de René, aussi dans le Saonnois, commença de bonne heure à accomplir le pieux voyage qu'elle a

(1) Chroniques manuscrites de Saint-Célerin.

(2) Note des Chroniques.

repris fidèlement depuis les malheurs du dernier siècle ; et l'on rapporte que souvent elle a éprouvé, sur les moissons, le terrible fléau de la grêle, dans les années où elle s'est montrée infidèle à cette dévotion.

On lit aussi dans le *Livre des Chroniques de la paroisse de Saint-Martin de Beaufay* (1) qu'en 1725, les habitants allèrent en procession à l'église de Notre-Dame de Torcé, le 21 juin et le 16 décembre, pour implorer la miséricorde de Dieu, par l'intercession de Marie, à cause de la grande sécheresse et stérilité qui régnaient partout. Ils firent de même en 1735, pour éloigner le fléau des chenilles qui dévoraient toute la végétation. Mais avant ce temps, ils avaient déjà, plus d'une fois sans doute, accompli ce Pèlerinage ; une fois entre autres, ils l'avaient fait dans une circonstance remarquable, en l'année 1692, circonstance que nous devons raconter avec quelques détails.

En cette susdite année, les saintes reliques des quatre martyrs Florent, Eugène, Abonde et Marcel, destinées à l'église paroissiale de Beaufay, avaient été, par ordonnance de Monseigneur l'Évêque du Mans, déposées en celle de Torcé. Le 13e jour de juillet, dès le matin, une longue procession de fidèles en habits de fête, s'avançait sur deux lignes, par le chemin qui conduit du

(1) Manuscrit rédigé par feu M. Bouvier, curé de cette paroisse, de vénérable mémoire, qui lui-même accomplit et favorisa si longtemps et avec une si fervente dévotion le même Pèlerinage.

Sanctuaire vénéré à l'église de Saint-Martin de Beaufay, et pour cette raison, tout jonché de fleurs et de feuillage. En tête du cortége apparaissaient d'abord la bannière blanche de la Vierge immaculée, et l'étendard aux couleurs vertes du saint Évêque de Tours ; puis quatre étendards élégants, aux couleurs rouge, blanche, bleue et verte, laissaient flotter au vent de larges plis où l'on distinguait, en riches broderies d'or, les noms et chiffres des quatre martyrs. Venaient ensuite des groupes nombreux de jeunes gens, presque tous en aubes, et de jeunes filles en robes blanches ; après celles-ci les chœurs des chantres, des diacres et des prêtres ; puis enfin la châsse dorée qui renfermait les restes précieux, objet d'une si belle solennité, portée sous un dais, par deux prêtres vénérables, messires Renault Boulay et François Mareschau. Maître Pierre Gilles, docteur de la faculté de Paris, curé de Saint-Benoît, en la ville du Mans, présidait la cérémonie, assisté de maître Jean-François Sotteau, curé de Notre-Dame de Torcé, et de maître Pierre Moriceau, curé de Beaufay. Les saintes reliques des martyrs furent ainsi conduites pour demeurer perpétuellement en l'église de Beaufay ; mais à partir de ce jour, toutes les fois que les fidèles de cette paroisse vinrent visiter Notre-Dame, ils furent toujours accompagnés de ces Saints, désormais leurs protecteurs. Ainsi, au mois de mai 1785, la châsse précieuse fut portée dans un pieux voyage entrepris pour obtenir de la pluie, durant une grande sécheresse ; et la Chronique fait remarquer qu'il tomba de l'eau le 29 du même mois (1).

A cet autel, où Marie, la Vierge forte comme une armée rangée en bataille, est visitée depuis si longtemps par les pieux Pèlerins, plusieurs chrétiens rebelles vinrent aussi, depuis la Réforme, faire abjuration du Protestantisme. Le samedi, 27 octobre 1685, messire Charles Crespin, d'une antique et illustre famille, seigneur de l'Orme, gentilhomme ordinaire de la chambre du Roi, officier dans les chasseurs de Monseigneur le duc d'Orléans, abjura l'hérésie en présence d'une foule immense de fidèles et d'un nombreux clergé. Maître André de Jonchières, prêtre, bachelier de Sorbonne, curé de Bonnétabie, assisté de maître Michel du Coudray, curé de Briosne, reçut cette abjuration dans l'église de Notre-Dame (2).

Le 3 octobre 1698, demoiselle Marie-Magdeleine de Blond, née à Périgueux, y vint également faire abjuration de l'hérésie, en présence de maître Jean-François Sotteau, curé de la paroisse, et manifester sa reconnaissance par des largesses en l'honneur de la Vierge sainte dont elle voulut porter le nom (3).

(1) La relation de cette cérémonie a été insérée en entier dans le *Livre des Chroniques de la paroisse*, puis dans le second volume de la *Province du Maine*, n° du 4 avril 1846.

(2) Voir Registre des Baptêmes de la Paroisse, de l'an 1685.

(3) Même source.

C'est ainsi que la puissante Patronne de ce lieu, toujours si bonne pour ses enfants, rappelait à elle ceux qui étaient égarés, et, divine Bergère, les réunissait aux brebis fidèles, dans l'heureux bercail de l'Église.

CHAPITRE VI.

Derniers Pèlerins avant la Révolution.

Mais nous avons hâte d'inscrire les noms des illustres Pèlerins que Marie vit isolément à ses pieds, durant ces deux siècles. La difficulté de les rappeler tous nous force à choisir ; nous n'indiquerons que les principaux.

S'il fallait en croire une tradition qui ne paraît pas sans fondement, précisément parce qu'elle est ancienne et presque universelle dans le pays et les environs, le premier nom à inscrire au commencement de notre liste serait un nom royal. Il n'a été trouvé aucun document écrit, relatif au séjour de Louis XIII, le 8 septembre en l'année 1614, à Torcé ; cependant des pièces authentiques ne permettent guère de douter du passage de ce pieux monarque en cette même année (1). On dit qu'il

(1) Le Pèlerinage royal paraît d'autant plus vraisemblable que le jeune monarque était, au mois de septembre 1614, au Mans, avec Marie de Médicis, sa mère. On sait d'ailleurs que le roi avait une très-grande dévotion envers la sainte Vierge, et qu'il lui consacra son royaume.

assista à l'office de la Nativité de la sainte Vierge, et qu'en quittant l'autel de Marie, il laissa des marques non équivoques de sa dévotion (1).

Après le monarque, voici les Pontifes de la sainte Église. Et d'abord, en 1634, messire Jean-Baptiste Gault, prêtre de l'Oratoire, qui fut depuis Évêque de Marseille, et mourut en odeur de sainteté (2). Ce pieux Pèlerin vint à la fin du mois de juillet, et *il excita les fidèles*, dit la note manuscrite qui nous a conservé ce fait, *par une touchante allocution, à mettre leur confiance en la très-sainte Vierge, pour obtenir la grâce d'être préservés des fléaux qui désolaient alors une partie de la France* (3).

Puis, au mois de juin 1637, l'année même de sa mort, l'illustrissime Monseigneur Charles de Beaumanoir de Lavardin, évêque du Mans, accomplissant un vœu qu'il avait formé, après avoir visité son Prieuré de Saint-Célerin, vint adresser une fervente prière à Notre-Dame de Torcé (4).

(1) On conserva jusqu'à la Révolution un ornement de velours rouge, avec des parements d'or, que l'on appelait l'*Ornement du roi*. Il reste encore le bâton fleurdelisé d'une vieille croix, que l'on dit provenir de la même source.

(2) On sait que Mgr de Mazenod s'occupe en ce moment de poursuivre la canonisation de son vénérable prédécesseur.

(3) Archives du monastère de la Visitation du Mans.

(4) Chroniques de la Paroisse.

Quelques années plus tard, en 1652, Monseigneur Philbert-Emmanuel de Beaumanoir, aussi évêque du Mans, après la consécration de l'église paroissiale de Saint-Célerin, s'empressa de satisfaire sa piété envers Marie, en la priant dans son église vénérée. On dit même que cet éminent Prélat adressa aux fidèles des paroles pleines d'éloquence, et que *ce fut un grand bien à cause de sa belle et dévote prédication* (1).

Voici encore d'autres grands personnages, quoique moins élevés en dignité : En 1666, messire Jéhan Thuaudet, chanoine de Saint-Pierre-de-la-Cour, du Mans, curé de Sonne.

En 1685, messire Jean-François Sotteau, chanoine de Compiègne.

En 1690, messire Jean-François Jolly de Fleury, conseiller clerc au Parlement de Paris, sous-diacre.

En la même année, messire Jacques de Bois-Motté, prêtre, licencié en droit, archidiacre du Passais et chanoine du Mans ; messire Jean Péan du Chénai, prêtre, chanoine et doyen de l'église royale de St-Pierre-de-la-Cour, et messire René du Chenai, vice-gérant de l'Officialité (2).

En 1712, messire Julien Rouche, prêtre, chanoine de l'église du Gué-de-Maulny, de la ville du Mans (3).

(1) Chroniques de Saint-Célerin.

(2) Archives de la paroisse. — *Insinuations Ecclésiastiques*, t. 39ᵉ, fol. 550, et *passim*.

(3) Registres des Baptêmes, Mariages et Sépultures.

A différentes époques, les vénérables religieux de l'abbaye de Tironneau envoyèrent des députés, implorer au nom de la Communauté tout entière le secours de Marie, ou bien la remercier des bienfaits précédemment obtenus par son entremise, surtout pour les biens de leurs terres que cette bonne Protectrice avait préservés de la grêle. En 1679, ce fut Dom Guillaume Caigné, procureur et cellérier de l'abbaye; en 1758, Dom Hyacinthe Nouet, Prieur (1).

Mais voici encore un illustre Prélat : en 1715, messire Louis de Lavergne de Tressan, comte de Lyon, qui fut depuis évêque de Nantes (1717) et archevêque de Rouen (1723), vint de Paris, où il résidait alors comme aumônier de S. A. R. Monseigneur le duc d'Orléans, pour visiter le Prieuré de Torcé dont il était pourvu en commende, et satisfaire sa dévotion envers la sainte Vierge (2).

En 1737, messire Philippe Ysarn de Villefort, clerc du diocèse de Cambray, Chevalier de l'Ordre de Saint-Jean de Jérusalem, et premier écuyer de S. A. S. Monseigneur le comte de Clermont, prince du sang, vint s'agenouiller à l'autel de Marie, accompagné de messire Louis-Antoine de Villefort, chanoine prébendé et doyen du Chapitre du Mans, son parent (3).

(1) Papiers de la Fabrique.

(2) *Insinuations Ecclés.* — *Gallia christiana.* — *Histoire de Bretagne,* par D. Ch. de Taillandier, Bénédictin; tom. II, p. XXIII.

(3) Il était Prieur de Torcé et de Saint-Célerin. — *Insin. Ecclés.* — Secrétariat du Chapitre.

Messire Michel-François du Rosel de Beaumanoir, prêtre, curé de Montilly au diocèse de Bayeux, présida l'office de la Nativité de Notre-Dame, en l'année 1749 (1).

Au mois d'août 1778, M. l'abbé Nepveu de Bellefille, chanoine de l'église du Mans, et dame Nepveu de Bellefille, sa belle-sœur, vinrent offrir eux-mêmes, à l'autel de la sainte Mère de Dieu, plusieurs riches ornements, entre lesquels on remarquait une chasuble de velours avec ses accessoires (2). Avant eux, en 1768, on avait vu également un grand-vicaire de Monseigneur l'Évêque du Mans parmi les bienfaiteurs de l'église et ses dévots pèlerins, messire N. Cabrières.

En 1786 ou 1787, messire Augustin-Michel de Blanchardon, de la congrégation de l'Oratoire, prieur de Chaumont et de Brissarte, fit le pèlerinage, dans un âge très-avancé. Il était alors retiré à Saussai.

A diverses époques, des religieux du couvent des Jacobins et de celui des Cordeliers, du Mans, vinrent faire des prédications, aux fêtes de la très-sainte Vierge, et particulièrement à la Nativité, le 8 septembre. Des notes manuscrites ont conservé les noms de plusieurs religieux d'un autre couvent, celui des Capucins, qui remplirent les mêmes fonctions dans les dernières années du XVIIIe siècle : frère Jean-Marie de Beaugé, frère Louis de Beaugé, frère Innocent de Rennes, frère Pierre

(1) *Insin. Ecclés.*

(2) Registre des Baptêmes.

de Montcontron, frère Maximin de Rennes, aussi capucin, en 1786 (1).

Pendant que ces pieux et illustres personnages s'empressaient de satisfaire leur piété en s'agenouillant à l'autel de Marie, de fidèles laïques de la paroisse ne négligeaient point d'enrichir son église de leurs généreuses libéralités. Ainsi, deux époux très-chrétiens, messire Jacques Loyson, sieur de Fontenys, et Catherine Bernouf, — messire Pierre Loyson, avocat au Siége présidial et Sénéchaussée du Maine, et Anne Hérisson, sa femme, — demoiselle Catherine Le Barbier, veuve de messire Nicolas Rigault, sieur de la Vallée, furent autant de bienfaiteurs de l'église de Notre-Dame (2). C'est à ce temps aussi qu'il faut faire remonter la fondation de six cierges à entretenir perpétuellement devant le grand autel, aux fêtes de la sainte Vierge.

Nous ne terminerons pas cette liste des Pèlerins et des bienfaiteurs de l'église de Notre-Dame, sans nommer encore messire Pierre-Denis de Renusson, écuyer, conseiller au Présidial du Mans, qui vint, en 1723, accompagné de sa fille, demoiselle Marguerite de Renusson, et dans la même année, messire René Blondeau, écuyer, lieutenant de la ville du Mans, — demoiselle Anne de Bellériant de Villaine, femme de messire René-Gabriel de Moloré, premier président à

(1) Diverses notes. — Chroniques de Beaufay.

(2) Titres de 1649, 1661 et 1679. Voir Chroniques de la paroisse.

l'Élection, — enfin demoiselle Marguerite-Marie Jolly, fille de messire Antoine Jolly, notaire apostolique, aussi du Mans (1).

Quelques années seulement avant l'époque des désastres révolutionnaires, on vit avec une grande édification, prosterné à l'autel de Marie, puis y célébrant les saints Mystères, un pieux et saint Prêtre, qui puisa dans sa fervente dévotion envers cette auguste Patronne le courage dont il fit preuve dans la suite, en confessant généreusement la foi. Ce fut M. l'abbé Charles-Siméon de Grimonville-Larchamp, chanoine-comte de Lisieux, vicaire-général honoraire du diocèse de Soissons. Ce vénérable prêtre, durant son pénible exil, donna souvent des preuves d'une sagesse consommée dans les conseils, et d'une charité ardente dans les soins de toute espèce dont sa bonté sut entourer ses compagnons d'infortune. Nommé à l'Évêché de Saint-Malo, il ne fut jamais sacré, et il mourut depuis la révolution, le 20 septembre 1821, à Jersey, à l'âge de soixante-dix ans, dans la maison de pieuses demoiselles qui lui offrirent, jusqu'à la fin de sa vie, une généreuse hospitalité (2).

(1) Registres des Baptêmes et Sépultures.

(2) Les demoiselles Bandinell. La lettre qui contient ces détails, et qui nous a été adressée de Jersey, au mois d'octobre 1851, ajoute : « Issu d'une des plus anciennes familles de Normandie, M. de Grimonville a montré, jusqu'à la fin de sa carrière, les qualités les « plus précieuses et un zèle infatigable à s'acquitter de tous les

Mais, disons un mot de ce qui s'observait alors dans les jours des Pèlerinages les plus nombreux. Plusieurs des paroisses qui avaient alors commencé à visiter annuellement l'église de Torcé, avaient choisi le jour de la Nativité de la sainte Vierge pour satisfaire leur dévotion. L'affluence des Pèlerins était si nombreuse, que plusieurs prêtres étaient occupés à réciter des évangiles depuis dix heures du soir, la veille de la fête, jusqu'à l'heure de la messe solennelle du lendemain. Tout le jour précédent, le Prieur ou son chapelain, s'employait à recevoir les offrandes présentées à la *Porte d'Angevine* : ces offrandes furent d'abord partagées entre le Prieur et le Curé; vers la fin, surtout depuis que le Prieuré était en commende, le Curé seul les percevait.

Ce jour-là, la première messe solennelle était célébrée à minuit. On ignore si, dès le principe, l'office canonial ne fut pas chanté, comme il le fut plus tard. Mais, vers 1783, on rapporte que des abus furent commis durant cette nuit, auxquels l'office avait pu donner lieu. La bonne foi, dit-on, de M. l'archidiacre de Montfort fut surprise par quelques brouillons qui exagérèrent ces abus, causés d'ailleurs par des hommes exaltés et imbus des idées révolutionnaires et impies qui, comme on le sait, commençaient en ce temps à avoir cours. Toutefois, un

« devoirs de la charité, particulièrement envers les émigrés français, « disséminés sur les différents points de l'île. » Quand il fit le Pèlerinage de Torcé, il était Prieur-Commendataire de Saint-Célerin.

Mandement fut publié par Monseigneur de Gonssans, évêque du Mans, dans le but de faire cesser ces abus. Défense fut faite de laisser l'église ouverte durant la nuit, et de commencer la récitation des évangiles et la célébration de la sainte messe avant cinq heures du matin. C'est à partir de ce temps (1783) que l'on cessa de chanter l'office de la nuit. Quelques paroisses aussi interrompirent alors le Pèlerinage annuel, qu'elles n'ont point repris depuis.

Toutefois, la dévotion envers la bonne Notre-Dame de Torcé survécut à cette épreuve passagère, permise par la divine Providence; les fidèles ne cessèrent nullement pour cela de fréquenter en grande foule le Sanctuaire où ils continuèrent à recevoir des marques évidentes de la miséricorde et de la bonté de la sainte Mère de Dieu. Au reste, la défense fut levée, sitôt que mieux éclairé le vénérable Prélat eut reconnu que le récit des abus avait été évidemment exagéré ; en sorte que quand arriva la tourmente révolutionnaire, la foi des fidèles n'avait rien perdu, et la confiance en la puissante intercession de la bonne Vierge de Torcé, comme nous le verrons ci-après, n'avait point été diminuée.

CHAPITRE VII.

Détails édifiants sur la vie de quelques Pèlerins.

Nous avons besoin de retourner un peu en arrière pour nous édifier au récit de ce que faisaient parfois les pieux fidèles, qui se montrèrent toujours remplis d'une tendre confiance en Notre-Dame.

En 1698, Monseigneur Laurent Martel, Chevalier de l'Ordre de Saint-Jean de Jérusalem, Commandeur du Guéliant, et en cette qualité, seigneur de l'hôpital de cette paroisse, assista, en dévot pèlerin, à la solennité du 8 septembre. Selon la coutume de ceux de son Ordre, il demeura, durant les saints offices, revêtu de brillants habits, couleur de sang ; et ce fut un édifiant spectacle, quand, au moment où le diacre commença le chant du saint Évangile, on vit le preux chevalier tirer son épée du fourreau, et la tenir élevée durant tout ce chant. Les assistants comprirent le touchant symbole de cette cérémonie, qui signifiait que ces valeureux soldats d'une milice si célèbre par ses hauts faits et les services rendus à la religion, devaient être toujours prêts à soutenir l'Évangile jusqu'à la mort (1).

Après les grands de la terre dont nous avons inscrit les noms, et qui, en venant se prosterner à l'autel de Marie, se plurent souvent à enrichir son Sanctuaire, pourquoi ne ferions-nous pas également connaître la foi des simples et des petits, à qui la Dispensatrice généreuse des biens célestes accorda parfois la guérison et la santé du corps, mais plus souvent encore celle de l'âme ? Deux pieuses femmes méritent, à cause de leurs vertus, que nous entrions dans des détails édifiants sur leur vie.

La première vécut au commencement du XVIIe siècle : ses vertus laissèrent un heureux souvenir, comme un délicieux parfum qui réjouissait longtemps encore après sa mort, les fidèles qui en avaient été les témoins. On la désignait, durant sa vie, sous le nom significatif de la *Bonne Anne*, ou la *Bonne Femme Anne de la Guerche :* son véritable nom était Anne Beaudoin, femme de Jean Girault. Possesseurs d'une modique fortune, si ces deux époux l'augmentèrent peu à peu par leur travail et leurs épargnes, ce ne fut que pour en faire jouir les églises et les pauvres. Pour eux, ils vécurent toujours de privations et de sacrifices, afin d'augmenter leurs aumônes.

(1) Note de l'histoire de N.-D. de Lotivi, imprimée à Vannes, en 1845.

Ils commencèrent par faire des largesses vraiment étonnantes à l'église de leur paroisse, que l'on reconstruisit presque en entier à cette époque (1). Mais ils n'oublièrent point pour cela le Sanctuaire où leur dévotion les attirait très-fréquemment, et où ils éprouvèrent tant de fois la merveilleuse assistance de la sainte Vierge. Ainsi la *Bonne Anne* était pleine de confiance en la *Notre-Dame* de Torcé, et elle ne manqua presque jamais de la venir vénérer au moins une fois chaque année. Elle y vint même encore quelques mois avant sa mort, qui arriva le 14 février 1647, et toujours l'église bien-aimée se ressentit de ses pieuses générosités (2). « Il « seroit impossible, dit le manuscrit auquel nous em- « pruntons ces détails, de rédiger par écrit les vertus et « les bonnes actions de cette *Bonne Anne*. La maison de « ces pieux époux estoit un véritable hospital pour le loge- « ment des pauvres passants, le refuge des orphelins et « nécessiteux, la retraite et le couvert des religieux, etc.» Ils eurent trois enfants, Jacques, Anne et Jean, qui furent héritiers de leur foi. C'est ainsi que les vertus les plus humbles laissent émaner d'elles des parfums dont la suave odeur ne se perd point, mais se perpétue parmi

(1) Vers 1630. Voir Chroniques de la Guerche. Manuscrit.

(2) Elle avait aussi une grande confiance dans la piété des R. P, Capucins et celle des Cordeliers, du Mans, qui par reconnaissance assistèrent en corps à sa sépulture, et l'un d'eux fit son Oraison funèbre à l'Offertoire de la Messe. Même source.

les générations qui se succèdent, et réjouit ainsi la sainte Église, notre Mère commune.

La seconde est une simple fille de la paroisse de Saint-Maixent, en ce diocèse, nommée Marie-Marguerite, fille de M. Maudroux et de Mme Lebreton, bourgeois, dont le Seigneur bénit le mariage en leur donnant deux garçons et deux filles. La mère, femme vertueuse et solidement chrétienne, donna à ses enfants une bonne et religieuse éducation, leur inspirant surtout, par ses exemples et par ses paroles, la charité envers les pauvres. « Mais Dieu, qui se plaist à rendre ses « élus conformes l'image de Jésus crucifié, affligea « cette vertueuse mère de la perte de tous ses biens, par « la mauvaise conduite de son mari ; quoyqu'il fust « honneste homme, il se playsoit dans la bonne chère et « la fréquentation des personnes de qualités dont il « estoit aimé et estimé. Dans peu d'années il engagea « tout son bien, et s'endetta considérablement, ce qui « n'éclata qu'après la mort de sa femme, qui voïant la « ruine de sa maison, en conçut tant de chagrin qu'elle « en tomba dans la tisic et poulmonie ; elle disoit quel- « quefois, dans l'amertume de son ame : *Ah ! pauvres « enfans, je n'ay pas esté élevée comme vous, et je voys « avec douleur l'obligation où vous estes de travailler « pour gagner vostre vie* (1). »

(1) *Abrégé de la Vie et des Vertus de Sœur Marie-Marguerite Maudroux* ; sans nom d'imprimeur, au Mans, 1726.

Ces pauvres enfants se virent donc en même temps privés de leur mère et de leurs biens, car les créanciers ne tardèrent pas à en opérer la saisie : ce qui les engagea à les aller trouver. « Marie, ajoute le narrateur déjà cité, « qui estoit l'ainée, parla au principal, qu'elle trouva au « milieu du marché de la ville de la Ferté ; elle se jeta « devant tout le monde à ses pieds, le priant avec in- « stances, les larmes aux yeux, qu'il eust pitié d'eux ; « qu'ils alloient si bien travailler, qu'elle espéroit, avec « la miséricorde et le secours du Seigneur, qu'il ne « perdroit rien de ce qui luy estoit du. Une prière si « humble, d'une personne qui estoit des meilleures fa- « milles de ces cantons, le toucha si fort, qu'il luy « donna main-levée dès le même jour. » Les généreux enfants prirent dès ce moment la résolution de faire valoir par leurs mains une terre qui leur restait. L'on ne saurait dire l'ardeur et le zèle avec lesquels Marie-Marguerite embrassa la vie laborieuse à laquelle la condamnait cette résolution. Non satisfaite du travail du jour, elle y employait une partie des nuits, n'accordant d'ordinaire que trois heures au sommeil. Sa nourriture la plus habituelle était un morceau de pain avec un peu de lait écremé et du cidre. Elle n'avait d'autre désir que de payer ses dettes. « Toutes les semaines, elle alloit « vendre, au marché de la Ferté, tout ce qu'ils avoient « pu amasser, chargeant un de leurs chevaux de toutes « sortes de denrées : elle y estoit souvent arrivée deux « heures avant le jour, quoyqu'elle en fust éloignée de

« deux lieues, qu'elle faisoit à pied, conduisant son « cheval en travaillant à faire des bas à l'aiguille, dont « elle fournissoit sa maison. — Dans le tems des mois- « sons, surpassant les ouvriers en travail, elle estoit « souvent obligée de les attendre, et alors elle se met- « toit à lire dans l'*Imitation de Jésus* ou dans le *Com-* « *bat spirituel*, qu'elle portoit toujours dans sa poche. « — Lorsqu'elle revenoit de la grand'messe, elle se « séparoit de ses amies et voisines, afin de repasser plus « aisément dans sa mémoire ce qu'elle avoit oüy dire au « Prone, pour s'en entretenir ensuite avec ceux du « logis. Ses plus grands travaux ne diminuoient en rien « ses dévotions, priant souvent Dieu en travaillant. »

On ne s'étonnera pas d'apprendre qu'une personne d'une si rare piété eût, dès sa plus tendre jeunesse, formé le dessein d'entrer en religion ; et assurément elle l'eût exécuté si elle n'en eût été empêchée par son Directeur, homme distingué par son grand talent dans la conduite des âmes. Il lui défendit d'entrer dans un monastère tant que ses parents continueraient à avoir besoin des secours de son travail. Toutefois, elle menait dans le monde la conduite d'une religieuse. Elle approchait souvent des Sacrements, et elle usait d'adresse afin qu'on ne s'aperçut point lorsqu'elle communiait. Aussitôt après cette sainte action, elle se mettait à son travail avec une nouvelle vigueur, le cœur heureux de la possession de son bon et divin Maître. « Son recours ordi- « naire dans ses peines estoit à la sainte Vierge, à sainte

« Anne et à son bon Ange. » Elle fit souvent le voyage de Torcé. Elle affectionnait d'une manière particulière ce Sanctuaire béni ; mais, elle choisissait de préférence, pour ses visites, les jours où le concours des Pèlerins devait être moins nombreux, sans doute pour y être moins troublée. D'ordinaire elle partait d'un très-grand matin, afin d'interrompre le moins longtemps possible ses travaux, et c'était une grande édification de la voir prier, prosternée avec une ardente dévotion au pied de l'autel de Celle qu'elle appelait sa Mère et sa Consolatrice. Elle a assuré bien souvent avoir reçu là des grâces très-particulières en plusieurs occasions.

Cependant la bonne conduite de Marie-Marguerite, secondée par celle de son frère et de sa sœur (l'aîné des frères était alors établi), fit qu'ils acquittèrent généralement toutes les dettes de leur maison. « Ainsi, ne voyant « plus d'obstacles à l'exécution du dessein qu'elle con- « servoit dans son cœur, de se consacrer tout à Dieu, « elle déclara à monsieur son Directeur l'état de sa « maison ; qu'ils avoient leur terre quitte et libre et de « quoy vivre honnestement ; qu'elle laissoit auprès de « monsieur son père, son frère et sa sœur, qui en au- « roient grand soin ; qu'elle croyoit qu'il estoit temps « qu'elle se retirast du monde. » Celui-ci, voyant, en effet, tout empêchement levé, lui permit de suivre une vocation si longuement éprouvée et même l'y engagea.

Mais, avant de partir, Marie-Marguerite ne pouvait omettre de consulter et tout à la fois de remercier Celle à qui elle avait eu recours si fréquemment et si heureusement dans ses peines. D'ailleurs, elle ne savait pas encore où Dieu voulait qu'elle fixât le lieu de sa retraite : elle demanda instamment à Marie de le lui indiquer. Puis, après avoir longuement prié la bonne Notre-Dame, dans son église de Torcé, elle s'achemina, résolue, vers la ville du Mans. Cependant, encore incertaine, elle visita successivement les églises de plusieurs couvents; enfin, entrant dans la chapelle de la Visitation, « elle se sentit si pénétrée de dévotion, qu'elle dit « en elle-même : C'est ícy où Dieu m'appelle ! » Elle demanda donc à parler à la Supérieure, qui l'accueillit avec bienveillance et la reçut dans son monastère, où, après avoir accompli, avec une édifiante ponctualité, les saintes règles de la Maison, elle mourut en odeur de sainteté, le 1er mars 1725, âgée de 77 ans et demi, après une Profession de 40 ans au rang des Sœurs domestiques.

En l'année 1775, les fièvres putrides exercèrent de terribles ravages dans les Doyennés de Ballon et de Bonnétable. Considérant que les secours des médecins étaient presque toujours impuissants à préserver et à guérir de cette cruelle maladie, les fidèles pensèrent à recourir à l'intercession puissante de la très-sainte Vierge. Aux mois d'août et de septembre, l'église de Torcé fut visitée presque tous les jours par une foule de pèlerins. Parmi eux, nous devons signaler une pieuse demoiselle du nom de Chartier, qui, par ses vertus et ses nombreuses aumônes, édifia longtemps la ville de Bonnétable. Cette sainte fille mérita l'honorable surnom de mère des pauvres : de modiques revenus, en effet, semblaient se multiplier entre ses mains, et elle trouva le moyen de soulager jusqu'à soixante familles indigentes par ses propres ressources. Mais, cela ne suffisait point à son amour pour les pauvres, elle quêtait pour eux des secours, et savait intéresser au malheur de ses protégés, en faisant la peinture de leurs misères. Cette vie de sacrifice et de charité fut couronnée par une sainte mort; quand la maladie dont nous venons de parler envahit la ville de Bonnétable, Mademoiselle Chartier se livra avec un si grand zèle au service des malades, que ses forces s'épuisèrent bientôt; frappée elle-même elle mourut victime de son dévouement (1).

(1) Voir *Affiches* du Mans, 1775, p. 152. — M. l'abbé Roquigny de Balonde, curé de Bonnétable, mourut de la même maladie, le 23 septembre. La ville de Ballon venait aussi de perdre son vénérable curé, M. l'abbé Paulmier, victime de son zèle.

CHAPITRE VIII.

Prêtres nés à Torcé. — Curés de la paroisse. — Leur dévotion envers la sainte Vierge.

Il nous reste encore à parler des dévots fidèles de Torcé, qui furent, d'une manière plus particulière, les enfants de Marie. Nous allons le faire dans ce chapitre.

Nés comme à l'ombre de son sanctuaire, les jeunes années de plusieurs s'écoulèrent heureusement sous l'aile de cette Mère de miséricorde. Après avoir servi, jeunes lévites, dans la célébration des saints Mystères, quelques-uns furent élevés, par la divine Providence, à la redoutable dignité du Sacerdoce. Au nombre de ces derniers, quelques-uns aussi servirent la sainte Église, dont ils étaient les ministres, dans les humbles fonctions de Vicaires de Notre-Dame. Pourquoi n'inscririons-nous pas ici les noms de plusieurs, qui ont échappé à l'oubli, pour notre édification ?

Né d'une mère très-peu fortunée, mais riche de vertus (1), l'un d'eux, maître François Rousseau, héritier de la piété maternelle, consacra sa vie tout entière au service de Marie, dans son église, dont il fut le vicaire jusqu'à sa mort, arrivée en 1586.

Au siècle suivant, un autre prêtre, dont la mémoire fut longtemps conservée comme un parfum de sainteté, jusqu'à l'époque même de la Révolution, imita le précieux exemple de modestie de maître Rousseau : ce fut maître François Bougler, né en 1667 et mort en 1732, après être demeuré simple vicaire de cette paroisse, l'espace de plus de quarante années.

On se souvint longtemps aussi de la touchante piété et de la science profonde d'un vénérable ecclésiastique, entièrement dévoué au culte de Marie, et enlevé à la fleur de l'âge, le 12 novembre 1773 : il se nommait maître Gabriel Corvasier (2).

L'humilité qui empêcha ces saints prêtres de tendre à des postes plus élevés, et les porta à cacher leur vie dans cet obscur Sanctuaire, c'est assurément auprès de l'humble Vierge qu'elle avait pris racine.

D'autres, nés également sur le territoire de Marie, furent appelés, par leur zèle ou l'ordre des Supérieurs,

(1) L'épitaphe de Marguerite Le Barbier, mère de ce vénérable prêtre, se lit encore sur une tablette de pierre dans l'église. On pense qu'elle fut la sœur du trop fameux Le Barbier de Francour, qui, ayant renié la foi de ses ancêtres, mourut à la Saint-Barthélemy.

(2) Registres des Baptêmes et Sépultures, *passim*.

à porter en divers lieux le pain de la divine parole et les trésors de grâce dont le prêtre est le dispensateur. Ceux-là ne se montrèrent pas moins fidèles à l'amour de la bonne et tendre Mère. De ce nombre, furent maître Julien Rigault, sieur de Rose, mort chanoine et curé de Troo, la dernière année du XVIIe siècle (1) ; maître Pierre Renaudeau, vénérable curé de Ballée, au commencement du siècle suivant ; maître Julien Roquain, curé de Connerré, en 1732, et d'autres encore (2). Mais, en s'éloignant du Sanctuaire privilégié, tous eurent soin d'emporter dans leur cœur un souvenir de reconnaissance et de prières à la bonne Notre-Dame. Ainsi, le soldat au service de son prince sur une plage lointaine, garde-t-il fidèlement la mémoire de sa mère, qu'il a laissée au foyer de la famille, pour veiller à la garde de ses plus jeunes frères.

Aussi, quelques-uns ambitionnèrent-ils le bonheur de pouvoir se recueillir, un instant avant de mourir, aux pieds de Celle qui avait protégé leur berceau, comme maître Anne Pélouard, fils du sieur de l'Étang, officier d'artillerie, qui, après avoir été curé d'Arquenay, s'en revint pour choisir sa sépulture en l'église même de Notre-Dame, où il fut déposé le 12 mai 1696, ayant loué

(1) Ce vénérable pasteur s'était plu durant sa vie à enrichir l'église de Torcé de plusieurs ornements, statues, etc.

(2) Registres des Baptêmes. — *Insin. Ecclésias.*

Dieu et la très-sainte Vierge, par une vie et des œuvres de charité, durant plus de soixante années.

M. Guillaume Crozat, licencié en Théologie et en Droit-Canon, né au diocèse de Limoges, fut le dernier Prieur-Commendataire de Torcé. Ce digne prêtre, plein de zèle pour l'étude des sciences ecclésiastiques, se retira dans l'abbaye de Saint-Victor, à Paris, pour s'y livrer tout entier. Cependant il ne négligea point cette douce piété qui doit toujours distinguer un vrai ministre de Jésus-Christ. Il quitta plusieurs fois sa retraite bien-aimée pour venir visiter la bonne Notre-Dame de Torcé, et jusqu'à la fin de sa vie tout son temps et ses soins furent employés à procurer la gloire de Dieu et le salut des âmes (1). Parmi les chants qu'il a composés se trouve un cantique en l'honneur de la sainte Vierge pour le jour de la Purification ; c'est une imitation de quelques strophes de l'hymne de Santeuil.

Quel spectacle étrange et sublime
Paraît aux yeux de l'univers !
Son Roi, son Dieu, se fait victime
Et s'offre au Maître que je sers :
L'auteur de la loi veut la suivre ;
Celui dont la main nous délivre
Veut être aujourd'hui racheté :

(1) Il a publié dans le *Journal Ecclésiastique* plusieurs *Discours* et des *Instructions familières,* desquels on a tiré presque en entier le petit livre intitulé : *La Clef du Paradis.*

Sa mère chaste et toujours pure,
Vient pour laver une souillure
Que n'eut point sa fécondité.

Trois victimes en sacrifice,
Près de l'autel frappent mes yeux :
Une Vierge exempte de vice,
Un enfant, un vieillard pieux,
La Vierge au Maître qu'elle adore,
Du beau titre qui la décore
Immole la gloire et l'honneur :
L'enfant offre son corps fragile ;
Celui que l'âge rend débile
Voudrait mourir pour son auteur.

Le Christ victime précieuse
N'offre aujourd'hui qu'un corps naissant :
Mais, hélas ! d'une mort affreuse
C'est le prélude attendrissant.
Il croîtra cet agneau paisible :
Vierge, quand votre âme sensible
L'aura vu se fortifier,
Par une blessure profonde,
Son sang sur les crimes du monde
Coulera pour les expier.

Les vénérables curés qui gouvernèrent heureusement cette paroisse, s'empressèrent tous de faire bénir et aimer la sainte Patronne et d'augmenter son culte. Nous ne pouvons citer que quelques noms.

A la fin du XVIe siècle, un vénérable pasteur, plein de vertus et d'années, traversa les mauvais jours avec une prudence dont il trouva sans doute la source dans sa fervente dévotion envers la très-sainte Vierge; ce fut maître Martin Serpin, curé, de l'année 1588 à l'année 1632 ou même 1638. Il eut pour successeur maître Balthazar Leprince, prêtre, chanoine, qui ne fut pas moins zélé pour le culte de Marie. La dernière moitié du XVIIe siècle fut remplie par trois autres vénérables pasteurs, qui voulurent reposer dans la tombe au pied même de son autel vénéré; ce furent : maîtres Julien Fourneau, Jacques Fourneau, son neveu, et Louis Le Royer. De 1685 à 1730, c'est-à-dire durant un espace de quarante-cinq ans, maître Jean-François Sotteau, maître ès-arts en l'Université de Paris, successeur du dernier, se fit chérir de ses ouailles, qu'il conduisit avec une si profonde sagesse que l'on parlait encore de ses vertus et de sa science au moment de la Révolution (1). Après lui vinrent successivement maître René Langlois, maître ès-arts de l'Université d'Angers, qui laissa une grande réputation de science; en 1749, maître Jean-Baptiste Lemoine, sous l'administration duquel des agitateurs, poussés par l'esprit de trouble et d'impiété qui soufflait alors, essayèrent de soulever une révolte dont le vénérable et digne pasteur pensa être la victime. Enfin, en 1768, vint maître François-Étienne Gripray, maître ès-arts de l'Université d'Angers. Ce digne prêtre essuya

(1) Le testament de cet excellent prêtre, renferme un témoignage éclatant de la vivacité de sa foi. C'est une des pièces les plus précieuses conservées dans les Archives de la paroisse.

de nouveau, et d'une manière plus terrible encore que son prédécesseur, les injures des révolutionnaires. Il fut le dernier curé, et mourut dans les jours les plus orageux de ces temps si déplorables. Humble et sincère pénitent d'une faute arrachée par la ruse à la faiblesse de son grand âge, il vit ses jours abrégés par les larmes du repentir, et il ne trouva de consolation que dans l'espérance que son corps reposerait, jusqu'à la résurrection, au pied de l'autel de Marie, Celle qu'il avait servie avec tant d'amour et fait aimer avec un zèle si fervent.

Dirons-nous encore que d'autres pieux ecclésiastiques, conduits par une spéciale dévotion envers la puissante Notre-Dame, vinrent chercher auprès d'elle une bénédiction et un salutaire abri pour leur tombe? Au XVe siècle, nous en trouvons deux : le premier, religieux cénobite dont nous ne connaissons ni le nom ni le pays, mais dont nous avons été heureux de recueillir un des soupirs d'amour exhalé de son cœur pour Celle qu'il aimait tant à appeler sa Mère (1) ; le second, pieux personnage dont la vie paraît s'être passée en grande partie au milieu des dignités et des honneurs princiers, et qui, avant de demander à Marie protection pour son tombeau, déposa sur son autel une longue et poétique requête dont nous regrettons de ne pouvoir donner le texte (2).

(1) Voir à la fin, prière *Succurre mihi*.

(2) C'est une longue *Paraphrase* en vers latins de l'Antienne *Regina*.

Toutefois, ceux qui eurent ainsi le bonheur de pouvoir s'endormir du dernier sommeil auprès de l'humble église et comme sous les yeux de la sainte Protectrice, ne manquèrent jamais d'y laisser un témoignage de reconnaissance et d'amour. Les uns fondèrent en effet, le chant des *Litanies de Lorette* à perpétuité ; d'autres celui du *Stabat Mater*, d'autres encore celui du *Sub tuum præsidium*, etc. ; en sorte que chaque jour de l'année, la voix des vivants était chargée de témoigner au nom des morts l'amour que les générations successives vouent à la sainte Mère de Dieu (1).

(1) On trouve un grand nombre de fondations de ce genre parmi les titres conservés aux Archives de la paroisse : on comprend que nous ne pensions pas à les énumérer ici, pas plus qu'à consigner les noms des pieux laïques qui, eux aussi en grand nombre, ambitionnèrent l'avantage de reposer à la mort, dans le sanctuaire même de Marie ou à son ombre. Voir pour cela le *Livre des Chroniques* et les Registres de Sépultures depuis l'année 1670.

CHAPITRE IX.

Époque de la Révolution. — Réouverture de l'église. — Curés et Pèlerins jusqu'à nos jours.

Mais les jours orageux de la Révolution vinrent troubler ces harmonieux concerts de louanges, sortant de tant de bouches et de cœurs fidèles en l'honneur de la Mère de Dieu. Les prêtres furent chassés, envoyés en exil ; un malheureux intrus profana quelque temps l'autel vénéré ; les riches ornements, les vases sacrés, les ex-voto, nombreux témoignages de piété et de reconnaissance envers la sainte Protectrice, tout fut sacrilégement dispersé, vendu ou pillé. L'église, respectée par la fureur des hérétiques au XVIe siècle, fut impitoyablement dévastée par les impies du XVIIIe. Nous renonçons à décrire l'œuvre de leurs mains sacriléges : nous avons hâte de dire que pourtant les murailles restèrent debout ; et, quoique l'église demeurât fermée durant de longues années, les fidèles qui avaient contracté la sainte habitude de la visiter, ne consentirent point à cesser leurs pieux voyages. Pour cela, ils affrontèrent mille dangers, bravèrent les sarcasmes, les injures, les menaces et même souvent les coups des forcenés adorateurs de la déesse Raison, à qui l'autel de Marie fut un instant consacré. Ainsi les habitants de plusieurs paroisses du Saonnois, entre autres de René, ne discontinuèrent pas une année, même au plus fort de la Terreur, d'envoyer une députation des plus dévoués, pour implorer la protection de Marie, persuadés qu'ils ont toujours été, que la grêle et les orages ont ravagé leurs moissons, quand on a manqué au vœu de leurs religieux ancêtres. Ces fervents Pèlerins faisaient leurs prières à la porte de l'église , parce qu'on ne leur en permettait pas l'entrée ; et là , ils furent souvent l'objet de grossières injures, et atteints par une grêle de pierres, lancées sur eux par quelques exaltés.

Cependant, en séparant les pasteurs des brebis, la tourmente révolutionnaire n'avait pas mis entre eux des obstacles tels que les courageux ministres du Seigneur ne pussent quelquefois les franchir. Le saint Sacrifice ne fut presque jamais interrompu , même durant les plus mauvais jours , dans la paroisse que Marie avait depuis tant d'années prise sous sa maternelle protection. On connaît plusieurs fermes, des maisons particulières dans le bourg et dans la campagne, où les âmes fidèles, les Pèlerins même des paroisses voisines, purent assister à l'offrande de l'auguste Victime.

Parmi les saints prêtres qui affrontèrent ainsi mille

fois la mort pour le salut de leurs frères, nous sommes heureux de signaler à la reconnaissance des Pèlerins le vénérable M. François Chevalier, Docteur de l'Université d'Angers, mort chanoine de la cathédrale; M. Châtain, curé de la paroisse de la Bosse, mort curé de Saint-Georges-du-Rosay; MM. Morin et Chemineau, le premier curé et le second vicaire d'Aulaines; et M. Doué, curé de Saint-Denis-des-Coudrais. Ces courageux prêtres errèrent longtemps de ferme en ferme, trompant, par plus d'un ingénieux stratagème, l'active et infernale persévérance des persécuteurs. Marie assurément veillait sur eux, et cette bonne Mère inspira souvent à de fervents et généreux laïques des actes de dévouement, que nous serions heureux de rappeler ici, si nous ne craignions de grossir démesurément ce Manuel, mais que le Seigneur a récompensés déjà dans son saint Paradis.

Cependant, le calme revenu, le Sanctuaire béni fut ouvert de nouveau. Le premier Pasteur du diocèse envoya dans la paroisse, un vénérable curé, dont le zèle fut vivement touché de la nudité complète de cette église, qu'il avait vue lui-même autrefois ornée de tant de témoignages de piété et de confiance en la sainte Protectrice de ces lieux (1). M. l'abbé Chapdelaine, courageux confesseur de la foi, ne se laissa pour-

(1) On nous a raconté que ce vénérable curé, vicaire de René avant la Révolution, était venu célébrer la sainte Messe à Torcé durant la Terreur; nous ne pouvons l'affirmer d'une manière positive.

tant point abattre ; sa dévotion envers la sainte Vierge l'excita à mettre tout en œuvre pour réparer le mieux possible les ravages de l'impiété, et rétablir le culte ancien avec ses belles et imposantes solennités. Malheureusement la Providence ne permit pas qu'il demeurât longtemps au milieu de ce peuple, que des idées de désordre travaillaient encore ; et il ne put voir l'accomplissement de ses pieux projets. Mais nous devons dire qu'il trouva pourtant, dans un grand nombre de généreux fidèles de la paroisse, un concours empressé pour tout ce qu'il entreprit de saintes œuvres.

Personne n'ignore quel grand bien l'esprit de Dieu a opéré dans le diocèse du Mans, en suscitant l'institution charitable de la Congrégation des Sœurs de la Chapelle-au-Riboul. Appelées à Torcé par un vénérable prêtre (1), six ou sept ans seulement avant qu'éclatât la Révolution, ces religieuses se livrèrent avec une activité si prudente et si dévouée au soulagement des malheureux et à l'instruction des petites filles pauvres, que vingt ans plus tard, lorsque le calme fut rétabli, les habitants qui avaient conservé de leurs soins un reconnaissant souvenir les réclamèrent avec de pressantes instances. L'une de ces bonnes Sœurs, nommée Françoise Radigue, obtint la

(1) M. l'abbé François Corvasier, mort curé de Saint-Célerin, et, avant la Révolution, vicaire de Torcé.

faveur, comme elle le disait naïvement, de *revenir dans la pauvreté* (1) *servir la bonne Notre-Dame.*

Les deux premiers curés trouvèrent en effet, dans cette pieuse fille, une aide zélée pour établir l'ordre et la propreté parmi les ornements et les linges de l'église. La décoration du Sanctuaire où Marie était honorée d'un culte si particulier, fut le constant objet de son ardeur infatigable, et, jusqu'à sa mort, elle se montra jalouse de parer de fleurs, renouvelées au moins deux fois par semaine, l'autel de la sainte Protectrice. Cette bonne sœur fut heureuse en mourant de penser qu'elle reposerait pour toujours à l'ombre du Sanctuaire où elle avait, durant sa longue vie, répandu tant de ferventes prières, et au milieu de ces pauvres, qu'elle instruisit et soigna avec un si persévérant dévouement. Sa mémoire, comme celle du juste, demeura longtemps en bénédiction auprès de ceux qui l'avaient connue.

A M. Chapdelaine, nommé curé de René, succéda, en 1803, M. Marin-André Morin, qui avait été exilé pour la sainte cause de la Foi. Pendant les dix-sept années qu'il administra cette paroisse, ce pasteur ne négligea rien pour apaiser les esprits brouillons, restés encore au milieu d'une population généralement calme. L'objet principal de ses soins fut aussi la décoration de la maison de Dieu et la pompe des divins offices. C'est de son

(1) La fondation de la maison de Torcé est en effet une des plus pauvres de toutes celles de la Congrégation.

temps que recommencèrent, avec plus de régularité et en grand nombre, les Processions des Pèlerins. Mais la grande affluence, nous ne savons pourquoi, n'eut plus lieu, comme autrefois, à la fête de la Nativité de la sainte Vierge. Celle de la Visitation, le 2 juillet, dite à cause de cette date *la Juillette*, devint désormais la fête choisie par un nombre de fidèles toujours croissant.

A cette époque, les diverses paroisses qui avaient accompli le pèlerinage avant les mauvais jours, reprirent donc leurs dévotes habitudes. Nous dirons, dans le chapitre suivant, quelles sont celles qui ont continué, jusqu'à présent, à le faire chaque année à des jours fixes, à partir du Lundi de la Pentecôte, jusqu'à la fin du mois de septembre. Quelques-unes qui l'avaient accompli, sinon régulièrement, du moins plusieurs fois avant 1793, ne l'ont pas repris en commun, quoiqu'elles soient toujours représentées par quelques fidèles au pied de l'autel de la sainte Protectrice, aux jours de ses principales solennités. Parmi ces dernières, il faut compter Bonnétable, Rouperroux, Sables, La Bosse, Saint-Mars-la-Bruyère et Thorigné ; peut-être faudrait-il ajouter encore quelques paroisses de l'ancien Doyenné de La Ferté, dont un grand nombre de fidèles viennent isolément aux fêtes de la sainte Vierge, satisfaire leur dévotion en assistant comme les autres pèlerins à la messe, y communiant et se faisant dire un évangile.

Plusieurs paroisses du Saonnois, comme Courgains,

Peray, etc., firent dès lors le pèlerinage de Torcé qu'elles ont abandonné dans la suite.

Parmi les Pèlerins fervents et de distinction qui, dans ce temps, eurent à cœur de visiter chaque année l'église de Marie, nous devons signaler M. l'abbé Besnier, durant tout le temps qu'il fut curé de Nouans. Ami de M. Morin, on le vit souvent user de l'hospitalité généreuse de ce dernier, hospitalité qu'il trouvait d'autant plus agréable qu'elle lui permettait de satisfaire sa fervente dévotion envers la très-sainte Vierge, et qu'il paya par des largesses considérables, eu égard à sa modique fortune.

Après la mort prématurée de ce vénérable curé de Torcé, le 8 octobre 1820, la divine Providence donna encore à l'église de Marie un prêtre selon le cœur de Dieu : ce fut M. François-Xavier Legeay, dont le zèle ardent pour la gloire de Dieu, le salut des âmes et l'honneur de la très-sainte Vierge, ne se ralentit pas un instant durant les dix-huit années qu'il fut le Pasteur bien-aimé de cette paroisse. Et, si après avoir orné et embelli l'église de Notre-Dame, il sollicita une humble retraite afin d'y terminer sa vie pleine de bonnes œuvres, c'est que son humilité lui fit croire qu'il avait accompli sa tâche et que le moment du repos était venu.

Le 2 juillet 1823 (ou 1824), dans la foule des fidèles on vit prosterné aux pieds de Marie un célèbre pèlerin, qui depuis s'en alla visiter les Lieux Saints : c'était le R. P. Marie-Joseph de Géramb, religieux de la Trappe, dont la piété fut un sujet de grande édification pour tous, comme son costume fut un objet de curiosité.

Au nombre des autres Pèlerins de distinction, durant les années suivantes, nous devons citer Madame la duchesse Matthieu de Montmorency, héritière de la terre de Bonnétable, dont les seigneurs, comme nous l'avons vu, n'ont jamais cessé de se montrer pleins d'une pieuse confiance en la Reine du Ciel ; Madame la marquise de Nicolaï ; plusieurs membres de la famille de Clermont-Tonnerre, de celle de Chavagnac, et des autres familles des environs, non moins distinguées par leur dévotion que par leur noblesse.

En 1844, M. l'abbé Dubois, chanoine titulaire de la cathédrale du Mans et vicaire-général du diocèse, célébra la messe solennelle le 2 juillet.

L'année suivante, le même jour de la *Juillette*, l'humble Sanctuaire reçut dans son enceinte vénérée un de ses plus illustres visiteurs, Monseigneur Jean-Baptiste Bouvier, évêque du Mans, de si sainte et si glorieuse mémoire, qui fit le voyage à jeun. Parti de son palais épiscopal, accompagné de M. l'abbé Vincent, vicaire-général et de deux de ses Secrétaires, l'éminent Prélat célébra la grand'messe ordinairement dite pour la paroisse de Saint-Germain. Longtemps affaibli par des infirmités que ses travaux avaient rendues précoces, venait-il demander à Marie de nouvelles forces pour continuer d'administrer le vaste diocèse, dont il fut si longtemps le Docteur et le Père ? Nous ne savons pas quelle faveur le saint Prélat sollicita de la généreuse Dispensatrice de toute grâce ; mais nous savons qu'après ce voyage il reprit avec une nouvelle vigueur le cours de ses visites pastorales, et que sa santé parut entièrement rétablie depuis ce moment.

En 1845, un vieillard de la petite ville de Cléry, au diocèse d'Orléans, pèlerin de Saint-Jacques en Gallice, vint le 2 juillet, remercier dans son Sanctuaire, la Consolatrice des affligés, à l'intercession de laquelle il attribuait la guérison d'une grave maladie.

En 1846, M. l'abbé Louis-Jean Fillion, chanoine titulaire de la cathédrale, officia le 2 juillet. M. l'abbé Moreau, supérieur de Notre-Dame de Sainte-Croix exposa, ce même jour, dans une éloquente improvisation, la puissance de Celle qui rassemblait en cette solennité autour d'elle une si immense multitude de fidèles. Il termina par une péroraison chaleureuse où il montrait la foi renaissant au sein des familles et recommençant à éveiller partout l'univers, spécialement en notre patrie, des sentiments de charité et d'union pour le bien.

L'année suivante, deux vénérables membres du Chapitre du Mans, vinrent encore offrir à la bonne Vierge l'hommage filial d'une tendre prière : ce furent MM. Joseph Hamon et Jacques Mautouchet, tous deux chanoines titulaires.

La grand'messe de la fête de la Visitation fut célébrée en 1851, par M. le curé de Saint-Calais-sur-Anille ; en 1852, par M. le curé de Montfort , et en 1853, par le vénérable curé de Notre-Dame de la Couture, qui se souvenait avec bonheur d'avoir plusieurs fois, dans son enfance, accompli, en compagnie de ses religieux parents, le voyage de Torcé.

Avant ce temps, en 1848, le divin Pasteur des âmes avait préposé à la tête de la paroisse un prêtre selon son cœur. Plein de jeunesse et de zèle, M. Pierre-Alexandre Vicaire s'occupa, dès son arrivée, de la décoration du Sanctuaire béni et de la pompe des cérémonies : il pensait que c'était là le moyen le plus sûr de plaire à la très-sainte Vierge, cette Reine du Clergé, à qui il avait voué une confiance sans limite et un amour de fils. Mais, le Seigneur le trouva bientôt mûr pour le Ciel : en peu d'années, en effet, il avait acquis de grands mérites (1). Il alla en recevoir la récompense des mains de Celui qui paie les vertus par un poids immense de gloire. Sa paroisse perdit en lui un père et un modèle (2). Que de fois, durant le temps si court, qu'il fut curé, son cœur trouva de pieux sentiments d'amour envers Marie, et que sa bouche savait bien les exprimer en paroles brûlantes ! Il fut, en effet, un panégyriste éloquent de cette divine Patronne, et l'on ne saurait dire combien il sut détruire de préjugés contre la dévotion envers la

(1) *Consummatus in brevi explevit tempora multa.*

(2) Il mourut le 9 août 1850, âgé seulement de 39 ans, ayant été curé pendant deux ans.

sainte Vierge, et le nombre d'âmes égarées qu'il ramena, par ce moyen, aux saintes pratiques de la foi.

Parmi les cérémonies dont le sanctuaire de Notre-Dame a été le témoin dans les dernières années, nous ne pouvons omettre de signaler les suivantes.

Le 24 juin 1855, une députation des Conférences de Saint-Vincent-de-Paul de la ville du Mans, les membres du Patronage et les Apprentis patronnés, le Cercle de Saint-Vincent-de-Paul, formé dans la même ville, et plusieurs Militaires du 6e régiment de Lanciers, qui tenait alors la garnison du Mans, conçurent la pieuse pensée d'offrir à la Mère de Dieu l'hommage d'une tendre prière, et de lui payer un tribut de vénération filiale. Ce fut un édifiant spectacle pour tout le peuple fidèle, de voir tous ces pèlerins des différentes classes de la société, ces hommes de divers âges, au nombre de plus de soixante, s'approcher avec un recueillement profond de la table sainte, et rendre ainsi ce pèlerinage vraiment fructueux pour le bien de leurs âmes. Ils assistèrent à la grand'messe et aux vêpres, dont ils relevèrent la solennité, autant par une tenue pieuse et grave, que par des chants religieux admirablement exécutés. Le salut solennel, auquel on chanta le *Te Deum*, en action de grâce, fut suivi de la bénédiction d'un riche *ex voto*, consistant d'abord en un Tableau de l'Assomption, dessiné par un de ces fidèles pèlerins, puis en un Cœur de cuivre doré, renfermant les noms de tous les membres de la dévote députation, et qui, appendu aux murs de l'église, rappellera longtemps cette fête touchante.

Le 2 juillet de la même année, la fête du Pèlerinage fut célébrée avec une solennité plus grande encore qu'à l'ordinaire. « A peine était-on de retour à l'église, après la procession solennelle qui précède la messe, qu'il y eut un moment de vive émotion, lorsqu'on vit M. le doyen de Montfort, chargé de présider la cérémonie, placer une couronne étincelante sur la tête de l'une des statues de la sainte Vierge au rétable de l'autel. Cette couronne était un hommage de respect et d'amour offert par MM. les directeurs du grand séminaire et MM. les prêtres auxiliaires du diocèse.

« Aussitôt après, l'un de ces derniers, M. l'abbé Galbin, s'inspirant de cette touchante cérémonie, exposait en chaire et d'une manière saisissante à la multitude attentive, les douleurs, les vertus et les gloires de Marie, triple couronne dont la main de Dieu lui-même a ceint le front de la Mère bien-aimée de son Fils, front immaculé auquel rayonne depuis le jour de son triomphe le diadême de Reine de la terre et des cieux » (1).

(1) L'*Union,* journal de la Sarthe.

CHAPITRE X.

Paroisses qui font annuellement le Pèlerinage.

Les paroisses qui ont coutume de visiter chaque année l'église de Torcé sont au nombre de dix-sept, dont nous allons actuellement parler, selon l'ordre alphabétique.

SAINT-MARTIN DE BEAUFAY.

Depuis 1802, cette paroisse a régulièrement fait processionnellement le Pèlerinage, afin d'implorer la protection de la sainte Vierge sur les biens de la terre, et spécialement afin que les moissons soient préservées de la grêle. Les habitants s'y rendent en foule : on compte d'ordinaire près de six cents Pèlerins, sans parler de ceux qui font le voyage isolément ou qui se joignent aux processions des autres paroisses traversant ce bourg, en d'autres temps. M. Bouvier qui, pendant si longtemps édifia cette paroisse, dont il était le zélé pasteur, ne manqua presque jamais de visiter l'église de la sainte Vierge plusieurs fois dans l'année, jusqu'à sa mort arrivée le 8 juin 1845.

Nous avons dit comment les habitants de Beaufay, étaient fidèles à se faire accompagner de la précieuse châsse des quatre Martyrs, dont les reliques étaient conservées dans leur église, lorsqu'ils faisaient le voyage de Torcé : par une ordonnance du 25 juin 1847, Monseigneur Jean-Baptiste Bouvier autorisa cet usage, qui remonte à une si haute antiquité.

COURCEMONT.

Il est impossible de préciser l'époque où cette paroisse a commencé à faire régulièrement le Pèlerinage, quoique les anciens soient d'accord à en faire remonter fort haut l'origine et à dire qu'il fut entrepris pour obtenir, par l'intercession de la très-sainte Vierge, une heureuse récolte, et, pour les moissons, la préservation de la grêle. Depuis les premières années de ce siècle, il a été accompli sans interruption. On le fait le lundi de la Pentecôte, en chantant le long du chemin les litanies et des hymnes à la sainte Vierge.

Dans les années qui précédèrent la révolution, messire Jacques-René de Tahureau, seigneur du Chenay, ancien colonel d'infanterie au corps royal d'artillerie, chevalier de l'ordre royal et militaire de Saint-Louis, qui habitait son château en la paroisse de Courcemont fit plusieurs fois le Pèlerinage avec une piété bien édifiante. Le bon Dieu sembla le récompenser des sentiments si chrétiens qu'il montra durant toute sa vie en lui donnant une vieillesse longtemps exempte d'infirmités. (1).

CHÉRANCÉ.

Nous avons dit déjà que cette paroisse avait accompli le Pèlerinage avant la Révolution, probablement en vertu d'un vœu. Durant les mauvais jours, si ses habitants durent cesser de faire publiquement et en grand nombre ce pieux voyage, les anciens se souviennent encore qu'aucune année ne se passa, même au plus fort de la Terreur, sans que quelques personnes dévotes ne vinssent isolément représenter leurs frères aux pieds de Notre-Dame. Cependant, aussitôt après le Concordat, on ne recommença pas immédiatement, du moins d'une manière régulière, le Pèlerinage. Mais en 1812, la misère provenant de la cherté des grains, rappela de nouveau le souvenir de la sainte Protectrice : une grêle affreuse ayant causé vers le même temps des ravages épouvantables dans la campagne de cette paroisse, et de celles de René et Rouessé-Fontaine,

(1) Il mourut le 9 septembre 1787, âgé de 83 ans.

on renouvela le vœu des ancêtres. Aussi à partir de cette année, on se montra fidèle à l'accomplir, sous la conduite du Curé. Il est à remarquer que depuis ce temps la grêle n'a qu'une seule fois exercé des ravages considérables. Avant 1830, le Pèlerinage se faisait après la moisson, à l'époque de la fête de Saint-Maurille, patron de la paroisse; actuellement il a lieu un peu plus tôt, vers le commencement de juillet.

LA CHAPELLE-SAINT-RÉMI.

Cette paroisse accomplit depuis 1802 son Pèlerinage à Notre-Dame de Torcé, le jour même de la Fête-Dieu, le jeudi d'après la Trinité, avec une grande édification. En effet, dès quatre heures du matin, les Pèlerins dans les rangs desquels on compte toujours un grand nombre d'hommes, sont réunis à l'église paroissiale; et de là, placés sur deux files, les hommes en tête, ils partent en chantant les litanies de la sainte Vierge et des hymnes en son honneur, durant tout le trajet, qui n'est pas moins de sept quarts de lieue. Lorsque la processsion traverse le bourg de Saint-Célerin, la cloche par un joyeux carillon, annonce que les fidèles de cette paroisse sont heureux d'unir leurs prières à celles de leurs voisins. Jusqu'en 1845, après l'*Agnus Dei* de la messe, on chantait à trois reprises, l'invocation suivante : *Ut fructus terræ, dare et conservare digneris, te rogamus audi nos,* en place du *Domine Salvum.*

On se souvient encore de la piété singulière avec laquelle un vénérable Curé de la Chapelle, M. l'abbé François-Jean Grison, mort à la fleur de l'âge, accomplissait chaque année ce Pèlerinage. Il manifesta, nous raconte-t-on, d'une manière particulière, sa profonde confiance en la bonne Notre-Dame de Torcé, dans les premiers jours de la douloureuse maladie qui l'emporta.

LUCÉ-SOUS-BALLON.

C'est autant pour remercier la sainte Vierge des bienfaits qu'elle a reçus de sa puissante protection, en différentes circonstances, que pour demander la conservation des récoltes, que cette paroisse fait régulièrement le Pèlerinage depuis le Concordat. La tradition orale conserve en effet le souvenir de la perpétuelle protection de Marie sur les biens de la terre et sur les troupeaux, dès les temps les plus reculés. L'époque choisie est d'ordinaire la quinzaine qui précède la fête de la Visitation : c'est aussi là l'époque où les moissons, sur le point d'arriver à pleine maturité, courent le plus de dangers.

JAUZÉ.

Depuis un temps immémorial, cette paroisse a coutume

de faire son Pèlerinage le jour même de la fête de la Visitation de la sainte Vierge ; la messe se chante à six heures. On raconte que M. l'abbé René Guitton, curé jusqu'en 1823, époque de sa mort, ne cessa d'accompagner ses paroissiens dans ce voyage de dévotion, et que, devenu trop vieux et infirme, lorsque ses forces le trahirent, il trouva, dans son cœur tout dévoué à la sainte Vierge, des paroles d'encouragement pour les empêcher de l'interrompre.

MAROLLES-LES-BRAULTS.

Depuis la Révolution, fidèle à la piété des ancêtres, cette paroisse n'a presque jamais manqué au Pèlerinage qu'elle fait dans le but d'attirer un temps favorable pour les récoltes. Les habitants ont remarqué, et ils le publient hautement, que les années où, par négligence, on avait omis entièrement ou à peu près cet acte de dévotion autant que de reconnaissance envers la Reine du Ciel, la grêle et les orages avaient ravagé les campagnes. Le Pèlerinage se fait d'ordinaire le jour de la fête de saint Pierre et de saint Paul, le 29 juin ; mais dans le cours de l'année, bon nombre de fidèles vont à Torcé isolément, pour rendre des actions de grâce à cause des faveurs particulières reçues par eux ou par leurs familles.

On se rappelle ce que nous avons dit de la défense

faite par Monseigneur de Gonssans à la suite de prétendus abus ; cette défense fut toujours considérée comme levée pour la paroisse de Marolles où elle avait été spécialement publiée, puisqu'en 1805 M. l'abbé Jean-François Marquis-Ducastel, chanoine honoraire du Mans et curé, écrivait au pied de cette défense : « *Ces abus n'existent plus !* » Lui-même, ce vénérable prêtre, encouragea par ses paroles et surtout par son exemple les fidèles à ne jamais négliger d'accomplir chaque année le vœu que, selon la tradition, avaient fait leurs pères d'aller implorer le secours de Marie, en son église de Torcé. N'est-ce point dans sa fidélité à faire régulièrement chaque année le double Pèlerinage de Notre-Dame de Torcé et de Notre-Dame de Toutes-Aides, à Saint-Remy-du-Plain, que la paroisse de Marolles doit encore d'avoir échappé, plus que beaucoup de paroisses environnantes, aux désastreuses influences de l'incrédulité ? Marie écrase toujours la tête du serpent de l'hérésie et de l'impiété.

MÉZIÈRES-SOUS-BALLON.

Les pèlerinages des paroisses commencent le lundi de la Pentecôte, par celui de Courcemont et se terminent ordinairement le jour de la Nativité de la sainte Vierge, par celui de la paroisse de Mézières, sur l'histoire duquel nous n'avons aucun document.

NOUANS.

On se rappelle que cette paroisse fit le voyage de Notre-Dame de Torcé dans le xve siècle. Depuis 1802, elle l'accomplit régulièrement dans la quinzaine qui suit la fête de la Visitation.

PONTHOUIN.

M. l'abbé Gabriel Bastard-Razélière, curé de cette paroisse, mourut dans la fleur de l'âge, le 10 juillet 1826, laissant à ses ouailles l'exemple d'une fervente dévotion envers la sainte Vierge, et d'éminentes vertus. Après lui, deux vénérables vieillards se succédèrent à la tête de cette paroisse, et favorisèrent également le Pèlerinage de Torcé. Avant la suppression de la solennité de la fête de saint Jean-Baptiste, il se faisait la veille, actuellement il se fait le jour même, 24 juin. Pendant les vingt années qu'il a été curé de cette petite paroisse, le vénérable M. Cadot, qui vient de mourir à 80 ans, n'a jamais manqué une seule fois d'y accompagner son peuple, bien qu'il fût infirme depuis longtemps.

RENÉ.

Comme celle de Nouans, cette paroisse qui, avant 1830, venait à la fin de la moisson, a choisi depuis, la quinzaine qui suit la fête de la Visitation. On se rappelle ce qui a été dit de la ferveur des fidèles pour le Pèlerinage, et l'antiquité de cette sainte coutume, qui, à René, dit-on, eut pour origine un vœu, comme en divers autres lieux.

SAINT-CÉLERIN.

Chaque année, vers la fin de juin, c'est-à-dire au milieu des plus pressants travaux de la moisson, les habitants de cette paroisse se montrent fidèles à venir implorer l'assistance de la puissante Mère de Dieu. La procession, composée en parties égales à peu près d'hommes et de femmes, se fait toujours avec la plus grande édification, et dans l'ordre le plus parfait. Le premier curé, après la tourmente révolutionnaire, fut M. l'abbé Jacques-François Corvasier : il avait été précédemment vicaire de Torcé, et il ne pouvait manquer de donner à la dévotion de son peuple un élan, qui fut d'ailleurs entretenu par ses successeurs, et que les habitants suivirent toujours avec une rare fidélité. Durant le cours de l'année, un grand nombre viennent demander des évangiles et des messes, pour attirer la protection de Marie sur eux, sur leurs enfants, leurs familles et leurs biens.

SAINT-CORNEILLE.

Si le fléau destructeur de la grêle n'a jamais exercé ses ravages à Saint-Corneille, les pieux habitants sont unanimes à en rapporter la cause à la protection de la sainte Vierge, et ils veulent en reconnaître pour raison particulière la constante fidélité avec laquelle ils ont toujours accompli le Pèlerinage de Torcé. Aussi, entre toutes les autres, cette paroisse se distingue-t-elle par la piété de ses fidèles et par le zèle qu'elle déploie dans la solennelle procession et les autres cérémonies d'usage en cette circonstance. Ne doit-on pas encore attribuer à cette dévotion si universelle et si soutenue envers Marie, un autre bienfait dont cette paroisse a joui pendant longtemps, c'est-à-dire d'avoir été préservée d'un fléau non moins triste, celui du libertinage et de l'impiété ? Nous l'avons entendu affirmer plus d'une fois. La sainte Mère de notre Sauveur ne couvre-t-elle pas d'une maternelle protection ceux qui mettent en elle une inaltérable confiance ?

SAINT-GERMAIN-DE-LA-COUDRE (Diocèse de Séez).

Le 2 juillet, fête de la Visitation de la sainte Vierge, est le jour où se fait, depuis la Révolution, le plus grand concours de Pèlerins. C'est ce jour-là que les habitants de Saint-Germain ont choisi pour l'accomplissement de ce que l'on regarde généralement comme un vœu, fait il y a plusieurs siècles, afin d'obtenir par l'intercession de la Mère de Dieu, la conservation des fruits de la terre et des bestiaux. Aux fidèles de cette paroisse, il s'en joint d'ordinaire un grand nombre de Bellou, la Chapelle-Gâtineau, la Chapelle-du-Bois, Souvigné, etc., et de plusieurs autres paroisses du diocèse de Séez.

Si les paroisses dont nous avons parlé, apportent à Torcé en ex-voto, un gros cierge de cire qui, en brûlant aux grandes solennités, en face de l'autel de Marie, rappelle à cette bonne Mère l'ardente foi de ses enfants, les fidèles de Saint-Germain ont été les seuls à continuer l'usage, général autrefois, d'en offrir un, orné de figures représentant la sainte Vierge, le saint Enfant Jésus et saint Germain, leur patron : la grosseur de ce cierge qui est toujours apporté et reçu avec une grande pompe et de grandes démonstrations de joie, lui a fait donner le nom de *Souche*. On conserve cette *souche* plusieurs années dans l'église comme un témoignage de la dévotion de ceux qui viennent l'offrir (1).

(1) Toutes les paroisses qui font le Pèlerinage sont dans l'usage de fournir aux frais qu'il occasionne, par une quête faite à l'église ou à domicile. Pour celui de Saint-Germain, cette quête se fait non-seulement dans la paroisse, mais encore dans les paroisses voisines, à plusieurs lieues de distance : à cette fin, on a organisé un bureau dont les membres, au nombre de quatre, prennent le nom de *Confrères* et se renouvellent par la sortie de l'un d'eux chaque année.

Depuis le rétablissement du culte jusqu'en 1853, aucun curé de Saint-Germain n'avait pu accompagner ses paroissiens qui n'en sont pas moins demeurés fortement attachés à cette pieuse coutume qu'ils ont reçue de leurs ancêtres. En 1854, le digne curé qui actuellement est à la tête de cette vaste paroisse, prudent autant que zèlé appréciateur de tout ce qui peut contribuer à affermir les âmes dans la foi, a voulu encourager par son exemple cette confiance en Marie, et accompagné de son vicaire, il est venu avec un très-grand nombre de fidèles, célébrer lui-même la grand'-messe le 2 juillet, et présider la procession solennelle qui la précède ordinairement.

SAINT-MARS-SOUS-BALLON.

A quelle époque remonte l'usage du Pèlerinage dans cette paroisse? Il est impossible de le constater. Une note communiquée est ainsi conçue : « La dévotion « de Saint-Mards pour Notre-Dame de Torcé est ardente « et profonde, et la tradition locale attribue à cette con- « fiance des faveurs signalées surtout dans l'ordre tem- « porel. » En effet, depuis le concordat, les habitants ont fait avec empressement et toujours en grand nombre ce pieux voyage. Un des plus fervents fut sans contredit M. l'abbé Jacques-Victor Lamarre, mort à la fleur de l'âge, le 17 octobre 1834. Le jour choisi pour ce voyage est le lundi qui précède la fête de la Visitation : le lendemain, vraisemblablement pour satisfaire la dévotion de ceux qui ont été retenus, ou pour remercier la sainte Vierge, une grand'messe est chantée dans l'église de Saint-Mars, à laquelle assistent d'ordinaire une foule de fidèles. On nomme cet office le *Retour de la Juillette*.

SILLÉ-LE-PHILIPPE.

Pendant longtemps les habitants de Sillé se joignirent à ceux de Saint-Corneille, ou firent le pèlerinage individuellement : un grand nombre , confiants dans la protection puissante de la sainte Vierge, ne manquaient jamais de venir chaque année implorer son secours. Témoin de leur tendre et persévérante dévotion, le pieux curé conçut le dessein de se rendre, comme on le faisait dans les autres paroisses, à la tête de ses ouailles à l'église vénérée. Il mûrit longtemps son projet. Enfin, en 1854, il le communiqua à plusieurs personnes qui l'approuvèrent ; ensuite, il annonça publiquement qu'il s'adjoindrait à la procession de Saint-Corneille. Cette première année, cent-cinquante de ses paroissiens l'accompagnèrent. Encouragé par cet heureux résultat, il renouvela l'invitation, l'année suivante ; et, se rendant aux nombreuses sollicitations qui lui furent faites, il conduisit lui-même, le 13 juin, dans une solennelle procession, plus de quatre cents pèlerins, parmi lesquels on distinguait avec bonheur presque tous les chefs de famille. A Sillé aussi, la bonne Notre-Dame avait fait sentir, assurément plus d'une fois, la puissance et la douceur de sa maternelle protection ; plusieurs donc de ces pèlerins avaient à lui apporter l'expression de leur gratitude autant qu'à lui présenter des demandes de secours. Dans leur zèle et leur piété, ils promirent de renouveler ainsi, chaque année, la dévote visite au béni Sanctuaire. Marie ne peut oublier ces nouveaux visiteurs, et, bien que venus à la onzième heure, ils n'en seront pas moins ses heureux protégés : elle est si riche et si bonne, la divine Mère de notre Seigneur Jésus-Christ !

SOULIGNÉ-SOUS-BALLON.

La coutume du Pèlerinage de cette paroisse remonte à plusieurs centaines d'années. Il se fait, depuis un temps immémorial, en juin ou juillet, sans interruption (si ce n'est de 1792 à 1804), toujours sous la conduite du pasteur. Une fois, depuis 1815, le curé étant empêché, le pèlerinage n'en eut pas moins lieu comme d'ordinaire. L'objet des prières des habitants de Souligné est, comme celui des autres paroisses, d'obtenir par l'entremise de la sainte Vierge une température favorable pour les biens de la terre; et l'on aime à le publier dans la paroisse, jamais cette prière n'a été vaine : aussi les Pèlerins s'empressent-ils de revenir en foule pour remercier la divine Protectrice, le 8 septembre. Depuis 1833, le Pèlerinage a lieu avec une solennité inconnue aux anciens. Il est annoncé au prône des messes, le dimanche précédent. Le jour indiqué, on sonne à grande volée, au milieu de la nuit, durant une demie-heure, pour le réveil des Pèlerins qui se rendent individuellement, tous à jeun, beaucoup à pied et en silence, jusqu'au bourg de Beaufay. Rien n'est imposant comme les sons de cette cloche réveillant au nom de la foi, toute une population qui s'en va toujours au nombre de plus de deux cents, et à une distance de six lieues, pour prier la Reine du Ciel. A cinq heures du matin, la cloche de Beaufay annonce l'arrivée : alors tous les pèlerins, hommes, femmes, vieillards, enfants, entrent à l'église, où l'on chante une Antienne au grand évêque de Tours, saint Martin, patron des deux paroisses de Souligné et Beaufay. Ensuite le signal est donné, et tous s'avancent sur deux lignes vers le Sanctuaire vénéré. Comme à Saint-Mars, le lendemain une messe d'actions de grâces est célébrée, en commémoration du voyage et pour ceux qui n'ont pu y assister.

CHAPITRE XI.

Quelques autres paroisses.— Divers exemples de la protection de la sainte Vierge.

On sait que plusieurs des paroisses qui, avant 1793, ont fait le Pèlerinage de Notre-Dame de Torcé n'ont point recommencé à suivre cette sainte pratique depuis le rétablissement du culte. Il ne faut pas croire cependant que les fidèles n'y aient pas hérité de la confiance filiale de leurs dévots aïeux envers la Protectrice de ces contrées. Aussi, chaque année, ces paroisses continuent-elles à être représentées au pied de son autel vénéré par une foule de leurs habitants.

La ville de Bonnétable en particulier a vu, dès les premières années du siècle, son vénérable pasteur, M. Jacques-Madeleine Lego, s'empresser un des premiers, de venir, tout cassé par les infirmités, remercier la très-sainte Vierge de la paix qui commençait à luire pour l'Église. Le clergé de cette grande paroisse a conservé religieusement les pieuses traditions des temps de foi. Ainsi en 1849, le 23 mai, l'église de Torcé fut choisie pour but de la procession, ordonnée par la lettre circulaire de Monseigneur l'Évêque du Mans, relative à l'Immaculée Conception. Les fidèles, se rendant aux désirs de leur pasteur, assistèrent en grand nombre à cette cérémonie.

De même, depuis M. l'abbé Jacques Richard, mort en 1813, et M. l'abbé Pierre Chaignon, chanoine honoraire de la cathédrale, mort en 1832, les vénérables curés et doyens de la ville de Montfort se sont fait un devoir non-seulement de faire le pieux voyage, mais d'exhorter instamment leurs ouailles à demander à Marie protection et force pour eux, leurs familles et leurs biens.

Une autre petite ville y est aussi annuellement représentée par un bon nombre de fidèles : c'est celle de Ballon. Un des plus vénérables pèlerins de cette paroisse fut, sans contredit, M. Julien-René Lacroix, de sainte mémoire. Quelques années avant sa mort, le 25 janvier 1828, ce bon pasteur voulut célébrer à l'autel vénéré les divins mystères : venait-il se recueillir un instant auprès de Celle en qui après Dieu il avait placé toute sa confiance, afin de se la rendre plus propice au jour prochain où il allait aller rendre compte d'une vie de 69 années au tribunal du Dieu qui juge les justices mêmes ?

Un autre vénérable prêtre, maître Jean-Michel François Chamballu, avait coutume de faire annuellement le Pèlerinage, avec une confiance qu'il sut inspirer aux fidèles de la Bosse, ses paroissiens (1).

(1) Il mourut plein de vertus et d'années, le 21 novembre 1823.

Pourrions-nous omettre de mentionner encore la tendre et persévérante piété des habitants de la petite paroisse d'Aulaines qui, chaque année, ne manquent point de visiter en grand nombre la bonne Notre-Dame ?

Les paroisses du doyenné de la Ferté-Bernard et cette ville elle-même fournissent également une multitude de pèlerins.

On peut évaluer actuellement à sept ou huit mille le nombre des fidèles qui, de divers lieux, viennent le 2 juillet à Torcé, et à un nombre à peu près égal, celui des pèlerins qui, à d'autres époques de l'année, accomplissent aussi le Pèlerinage, soit isolément, soit avec les paroisses auxquelles ils appartiennent. Ainsi il en vient des environs de Vibraye, de Mont-Mirail, Saint-Côme, etc... des paroisses limitrophes appartenant au diocèse de Séez, surtout de Ceton, Igé, etc.

Depuis un certain nombre d'années les habitants de Savigné-l'Évêque, réunis en grand nombre à la voix de leur pasteur, ont contracté la pieuse coutume de faire en silence, à pied et en récitant le Rosaire, le trajet d'environ trois lieues qui les sépare de Torcé. Espérons que bientôt ils suivront l'exemple des paroisses dont nous avons parlé, et qu'ils feront le Pèlerinage la croix levée.

Avant de clore le récit de ce qui s'est fait et de ce qui se fait encore dans le Pèlerinage, nous croyons devoir raconter ici quelques-unes des marques de protection de la bonne Notre-Dame à l'égard de ses fidèles dévots. Toutefois, nous ne prétendons en rien prévenir le jugement de la sainte Église touchant l'intervention de la Mère de Dieu, dans les guérisons que nous racontons.

On rapporte que quelques années avant la Révolution, il y avait, parmi les membres d'une respectable famille, habitant la ferme de la M***, en la paroisse d'Aulaines, une pauvre fille, âgée de vingt-cinq ou trente ans, qui depuis longtemps était demeurée percluse de ses membres. Elle n'éprouvait absolument aucune force dans son corps depuis la ceinture jusqu'aux pieds; en sorte qu'elle ne pouvait faire aucun pas sans l'aide de deux béquilles. Les médecins, ayant reconnu sa maladie incurable, l'abandonnèrent. Mais la malade n'en éprouva qu'une plus grande confiance en Marie, et elle résolut de lui demander une guérison qu'elle ne pouvait plus attendre de la science des hommes. Elle fut conduite à Torcé en voiture par ses parents, et dans l'église même elle éprouva la puissance de Celle qu'elle était venue prier avec une si fervente dévotion. Elle fut subitement guérie, et en témoignage de cette précieuse faveur, elle laissa au pied de l'autel ses deux béquilles qui restèrent appendues aux murs de l'église jusqu'en 1793. La renommée de cette merveilleuse guérison se répandit bientôt dans les environs, et le souvenir en est demeuré jusqu'à présent.

Dans l'une des années qui suivirent la Révolution, une petite fille de cinq ans qui ne pouvait marcher, et qui, selon l'expression du pays, était en *lotonie*, fut amenée à Torcé par ses parents. A peine de retour, la neuvaine terminée, l'enfant se mit d'elle-même à marcher à l'aide de deux petits bâtons qu'elle abandonna entièrement quinze jours après. Le curé de Courcemont, M. l'abbé Pasquier, rendit témoignage de ce fait dont plusieurs personnes ont encore conservé le souvenir.

Au reste, il n'est pas rare de voir d'heureuses mères venir remercier Marie pour la guérison de leurs enfants, et spécialement pour avoir rendu à ces chers petits l'usage de leurs jambes.

Parmi les Pèlerins qui éprouvèrent la protection puissante de Marie, nous ne pouvons omettre de citer une pauvre fille née le 10 mai 1823, au bourg de N***, de parents voisins de l'indigence. Elle perdit tellemment l'usage de ses membres vers la Toussaint 1837, que non-seulement elle devint incapable de se lever, de marcher; mais ses parents furent même obligés bientôt de la faire manger : sous l'influence du mal, ses mains se recourbèrent d'une manière fixe vers le dedans du bras, et ses jambes se replièrent sans qu'il fut possible ensuite de les allonger, tant les nerfs s'étaient raccourcis. En cet état de souffrances, les os des jambes se carièrent, et des parties s'en détachèrent et sortirent par les genoux. Cet état dura sept années, pendant lesquelles le charitable curé de la paroisse, la visita assiduement pour lui porter les consolations de la foi et les Sacrements, puisqu'elle ne pouvait venir à l'église. Pendant tout ce temps, on ne découvrit aucun remède efficace, soit que la maladie fut incurable, soit que sa guérison fut destinée par la divine Providence à montrer une fois de plus la puissance et la miséricorde de Marie. Abandonnée des médecins, dont les soins étaient devenus complètement inutiles, la malade pensa à faire un voyage à Notre-Dame de Torcé. Le 2 juillet 1844, elle se fit traîner dans une petite voiture à la porte du Sanctuaire vénéré, d'où son père et sa mère la portèrent jusqu'auprès de l'autel. Elle voulut assister à la sainte messe, et à l'évangile, elle essaya de se lever ; à sa grande surprise elle put rester debout pendant le temps que le prêtre mit à le réciter. Cependant elle sentait encore une grande faiblesse et de la souffrance dans les talons ; mais ses mouvements ne tardèrent pas à devenir plus aisés ; son corps prit bientôt de la force, et dès la même semaine elle put marcher librement dans sa maison. Ses forces se rétablirent ensuite si promptement que durant l'année qui suivit, elle put travailler de manière à ce qu'elle fut reçue en condition ; et depuis ce temps, cette guérison s'est confirmée, sa santé s'est tellement fortifiée qu'elle n'a point cessé de remplir parfaitement les durs travaux d'une domestique à la campagne.

En l'année 1846, une pauvre femme, malade depuis longues années, et abandonnée des médecins, dont les remèdes et les soins lui étaient devenus inutiles, se fit transporter en l'église de Torcé. Elle accomplit son Pèlerinage avec une rare dévotion, et on remarqua qu'à partir de ce moment une amélioration commença à se manifester dans son état, jusqu'à ce que, continuant de mettre sa confiance en Marie, la pauvre malade recouvra entièrement la santé.

Dans le cours de l'année plusieurs habitants de Saint-Corneille reviennent souvent, ils le disent hautement, pour remercier la puissante Protectrice des grâces spirituelles et des faveurs temporelles qu'ils doivent à son intercession. L'année dernière encore une famille de la ville de Paris, faisait déposer par M. le curé de cette paroisse, aux pieds de Marie, un ex-voto qui devait perpétuer le souvenir de la guérison d'un enfant chéri, et la reconnaissance des religieux parents envers Celle à qui ils l'attribuent.

Pieux Pèlerins de Notre-Dame de Torcé, nous terminons ici ces incorrectes pages où nous avons essayé de raconter simplement l'histoire d'un modeste sanctuaire, à qui il a été donné de s'élever et de grandir au milieu des bénédictions que chaque siècle lui a apportées. Pour nous, c'était acquitter une dette de piété, de reconnaissance et d'amour. Puissent ces quelques pages être favorablement accueillies de la Vierge, Mère de la divine grâce, et servir en leur manière à sa gloire ! Celui qui les dépose à ses pieds bénis, a été heureux de pouvoir lui consacrer les prémices de sa plume, comme il lui donna autrefois les prémices de son cœur, et veut lui consacrer toujours ses sentiments, ses écrits et sa personne !

TABLE.

FIN DE LA TABLE.

LE MANS, IMP. DE GALLIENNE.

ERRATA.

Page 9, titre, jusqu'au XVe siècle, *lisez :* jusqu'au XVIe.

Page 33, ligne 5e, 1614, *lisez :* 1644.

Même page, ligne, 14, XVIe siècle, *lisez :* XVII siècle.

Page 54, ligne 3e, qui avaient alors commencé, *lisez :* qui avaient commencé.

Page 59, ligne 12e, conformes l'image, *lisez :* conformes à l'image.

www.ingramcontent.com/pod-product-compliance
Ingram Content Group UK Ltd.
Pitfield, Milton Keynes, MK11 3LW, UK
UKHW012045240726
13965UKWH00003B/1061